Anemone Eglin, Evelyn Huber, Ralph Kunz,
Brigitta Schröder, Klaus Stahlberger,
Christine Urfer, Roland Wuillemin

Das Leben heiligen

T V Z

Anemone Eglin, Evelyn Huber, Ralph Kunz,
Brigitta Schröder, Klaus Stahlberger,
Christine Urfer, Roland Wuillemin

Das Leben heiligen

Spirituelle Begleitung von
Menschen mit Demenz

Ein Leitfaden

Theologischer Verlag Zürich

Die Deutsche Bibliothek – Bibliografische Einheitsaufnahme

Die Deutsche Bibliothek verzeichnet diese Publikation in der Deutschen Nationalbibliografie; detaillierte bibliografische Daten sind im Internet über <http://dnb.ddb.de> abrufbar.

Umschlaggestaltung

www.gapa.ch gataric, ackermann und partner, Zürich
unter Verwendung einer Fotografie von Franz Nikolaus Müller

Druck

ROSCH-BUCH GmbH, Scheßlitz

ISBN 978- 3-290-17412-5

3. Auflage 2008

Inhalt

Vorwort

In der Schweiz leiden ca. 90 000 Menschen an einer Demenzerkrankung. Die Tendenz ist steigend. Jährlich kommen etwa 15 000 Neuerkrankungen dazu. Betroffen sind vor allem alte und hochbetagte Menschen. Die hohe Zahl Erkrankter stellt eine gesellschaftliche Herausforderung dar, die nach gründlicher Auseinandersetzung mit verschiedenen Aspekten von Demenz verlangt.

Die Stiftung Diakoniewerk Neumünster – Schweizerische Pflegerinnenschule, die in ihren Institutionen Menschen mit Demenzerkrankungen und deren Angehörige begleitet und betreut, arbeitet auf der Grundlage eines ganzheitlichen Menschenbildes. Dieses ist christlich geprägt, da die Stiftung einen diakonischen Hintergrund hat. Vor zwei Jahren hat sie begonnen, sich vertiefter mit den spirituellen Aspekten in der Begleitung von Menschen mit Demenz auseinander zu setzen. Sie hat Fachtagungen organisiert, die auf grosses Interesse stiessen. Dabei zeigte sich, dass gute, theoretisch fundierte und zugleich praxisnahe Modelle zur spirituellen Begleitung demenzkranker Menschen erst vereinzelt vorhanden sind. Aus diesem Grund hat sich eine interdisziplinäre Gruppe von Fachleuten aus Theologie, Pflege und Pflegewissenschaft und Gerontologie zusammengefunden, um gemeinsam den vorliegenden Leitfaden zu erarbeiten. Zu dieser Gruppe gehören: Anemone Eglin, Pfarrerin, Evelyn Huber, Pflegewissenschaftlerin, Ralph Kunz, Professor für Praktische Theologie, Brigitta Schröder, Diakonisse, Klaus Stahlberger, Pfarrer und Gerontologe, Christine Urfer, Theologin, Roland Wuillemin, Pfarrer.

Der Leitfaden richtet sich an Pfarrerinnen und Seelsorger, an Pflegende, Angehörige und Freiwillige sowie weitere Personen, die Menschen mit Demenz in einer Institution oder zu

Hause betreuen. Er ermutigt dazu, die spirituelle Dimension in der Begleitung demenzkranker Menschen wahrzunehmen und bewusst einzubeziehen.

Der Leitfaden gliedert sich in zwei Teile. Im ersten Teil wird das Verständnis von Spiritualität auf dem Hintergrund einer offenen, christlich geprägten Haltung dargestellt, und die psychologischen Konzepte, welche für die spirituelle Begleitung wesentlich sind, werden vorgestellt. Anschliessend folgen medizinisch-pflegerische Aspekte zum Krankheitsbild Demenz. Im zweiten Teil finden sich praxisnahe, erprobte Anregungen für den Alltag.

Die Fotos von Franz Nikolaus Müller zeigen die Cabane «Segen», die sich heute im Park der Stiftung Diakoniewerk Neumünster – Schweizerische Pflegeschule befindet. Der Architekt Jean Nouvel hatte sie ursprünglich für die kirchliche Ausstellung «Un ange passe» an der Expo 02 entworfen. Im Inneren der Cabane installierte der Künstler Roland Herzog bronzene Hände, aus deren Fingerspitzen Wasser, Symbol für das Leben, rinnt. Das Wasser weist auf die Segenskraft hin, die durch menschliche Hände fliesst und Menschen miteinander verbindet.

An dieser Stelle sei allen gedankt, die zum Entstehen dieses Leitfadens beigetragen haben: Dr. Werner Widmer, der das Projekt von Anfang an unterstützte, Lotti Eigenmann, Annette Rüegg und Heidi Germann, die wertvolle Hinweise aus ihrer gerontologischen Praxis einbrachten, und der Stiftung Diakoniewerk Neumünster – Schweizerische Pflegerinnenschule, welche die Herausgabe des Leitfadens finanziell ermöglichte.

Zollikerberg, August 2006
Anemone Eglin, Leiterin des Projekts

Ja, ich will euch tragen bis ins Alter und bis ihr grau werdet. Ich will es tun, ich will heben und tragen und erretten.
(nach Jesaja 46,4)

Einleitung

Die Grundlage der humanen Gesellschaft sind die Menschenrechte. Ihr Ausgangspunkt ist die *unveräusserliche* Würde jedes Menschen. Gemeint ist damit, dass Menschen Würde zukommt, weil sie Menschen sind. Wenn wir mit Leiden konfrontiert sind und es mit Menschen zu tun haben, die zur Bewältigung ihres Alltags auf andere Menschen angewiesen sind, wird die Brisanz dieser Grundlegung bewusst. Von der menschlichen Würde ausgehen heisst, einen Menschen unabhängig von seinem körperlichen oder seelischen Gesundheitszustand immer als Person zu achten. In dieser Achtung ist auch die Verpflichtung enthalten, versehrtes und verletztes Leben nicht auszugrenzen.

In unserer Gesellschaft haben Selbständigkeit, Rationalität und Leistungsfähigkeit einen hohen Stellenwert. Für Menschen mit Demenz und bei der Begleitung von Menschen mit Demenz vermindert sich die Bedeutung dieser Eigenschaften aber zunehmend. Statt selbständig und leistungsfähig zu sein, sind die Erkrankten auf die Unterstützung anderer angewiesen und müssen lernen zu empfangen. Anstelle von Rationalität tritt Emotionalität in den Vordergrund. Mit der Krankheit ergibt sich zwangsläufig eine Verschiebung. Es muss neu bestimmt werden, was als wertvoll gilt und worauf Wert gelegt wird. Dies ist nicht nur für die Erkrankten – insbesondere bei beginnender Demenz – eine grosse Herausforderung, sondern auch für die Betreuenden, die sich darüber

Rechenschaft ablegen müssen, was sie für wertvoll halten, worauf sie Wert legen wollen. Wenn sie versuchen, Abhängigkeit, Empfangen und Emotionalität, die das Leben von Menschen mit Demenz prägen, als wertvoll zu erachten, stellen sie sich der Herausforderung. Sie besteht darin, eine Haltung zu finden, die dem Sog des Leistungsdenkens widersteht.

Wir sind der Überzeugung, dass die Orientierung am jüdisch-christlichen Menschenbild hilft, Menschen mit Demenz und ihre Betreuenden bei der Bewältigung dieser Herausforderung zu unterstützen. Die an der Würde des Menschen orientierte Werthaltung ist deshalb ein Schlüsselgedanke in diesem Leitfaden. Der Begriff signalisiert, dass die angestrebte *Haltung* gegen den Widerstand gesellschaftlicher Kräfte immer wieder erarbeitet und errungen werden muss. Wenn wir diese geistige Arbeit nicht verrichten, riskieren wir einen Verlust an Menschlichkeit und begeben uns der Möglichkeit, Lebensdimensionen aufzuwerten, die unter dem Leistungsdruck abgewertet wurden. Im Umgang mit demenzkranken Menschen können wir deshalb neben all den schmerzlichen Erfahrungen auch etwas gewinnen: den Blick für das Unversehrte im Versehrten und das Unzerbrechliche im Gebrechlichen.

Teil 1: Voraussetzungen

1. Theologische Aspekte

1.1 Jüdisch-christliches Menschenbild

Die Wertschätzung der Person aufgrund ihrer unveräusserlichen Würde wurzelt im jüdisch-christlichen Menschenbild. In diesem erscheint der Mensch als ein Wesen, das auf Beziehung hin angelegt ist. Und Gott selbst erscheint in den biblischen Erzählungen als Beziehungswesen. Dadurch, dass Gott sich mit dem Menschen als Frau und Mann ein Gegenüber schafft, das ihm ähnlich ist, verleiht er dem Menschen eine einzigartige Würde. Zur biblischen Sicht gehört andererseits auch eine realistische Einschätzung der menschlichen Natur. Im Kern ihres Wesens sind sich Menschen ihrer Würde nicht sicher. Sie können sie vergessen, verweigern und verraten. Die Wiederentdeckung der Gottesbeziehung ist deshalb einer Umkehr vergleichbar, weil sie zum Ursprung der Würde zurückführt.

Weil der Mensch als Beziehungswesen geschaffen ist, erfährt er seine Würde in der Begegnung mit anderen. Liebe, Fürsorge, Mitgefühl, Achtung, Zuneigung oder Hingabe – alles, was Menschen aneinander schätzen und anerkennen, basiert auf Beziehung. Im Empfangen und im Weitergeben menschlicher Wertschätzung bildet sich wiederum Beziehung. Sie zeigt sich unter anderem als Vertrauen zu Menschen, die nicht verwandt sind. Patienten und Patientinnen in einem Krankenhaus etwa dürfen darauf zählen, dass ihnen auch ‹fremde› Menschen, die sie pflegen, Wertschätzung entgegenbringen. Zum biblischen Menschenbild gehört aber auch eine realistische Sicht möglicher Beziehungsstörungen. Wenn zum Beispiel Liebe nur noch als Tauschhandlung vollzogen wird, fehlt ihr die Wärme. Menschlichkeit ist immer mehr als Pflichterfüllung. Sie kommt in der Wertschätzung zum Ausdruck, die in der Sprache der Bibel Nächstenliebe oder Barmherzigkeit heisst.

Das christliche Menschenbild ist untrennbar mit dem Gottesbild verknüpft. In Jesus Christus vereinen sich Menschen- und Gottesbild auf einzigartige Weise. In ihm erkennen Christen die Menschlichkeit Gottes. Sie zeigt sich als göttliche Barmherzigkeit und erweist sich in der menschlichen Nächstenliebe. Darauf gründet eine Spiritualität, die in ihrer Konsequenz auch für Menschen einsichtig und nachvollziehbar sein kann, die einen anderen religiösen oder weltanschaulichen Hintergrund haben. Eine Konsequenz dieser spirituell verankerten Haltung ist die Verpflichtung, sich in jeder Lage und unter allen Umständen an die menschliche Würde zu halten und das Gegenüber als einzigartige Person wahrzunehmen. Ein Mensch soll immer ganzheitlich, mit Körper, Seele und Geist, gesehen werden, und darf unter keinen Umständen auf sein Leiden reduziert werden. Nicht die Defizite, sondern die Ressourcen einer Person stehen im Vordergrund.

1.2 Der Begriff Spiritualität

1.2.1 Wörtliche Bedeutung

Spiritualität ist vom lateinischen Wort spiritualis abgeleitet, das geistig und geistlich bedeutet. In der Sprache der Bibel wird damit die christliche Lebensgestaltung bezeichnet, die sich ganz auf Gott ausrichtet. Im deutschen Sprachraum existierte der Begriff bis etwa 1950 nicht. Was heute unter Spiritualität verstanden wird, wurde bis zu diesem Zeitpunkt Askese, Mystik, Vollkommenheit, Heiligkeit oder Frömmigkeit genannt.

Der Begriff Spiritualität kam über das französische Wort *spiritualité* und das englische *spirituality* ins Deutsche. Im Französischen wurde mit *spiritualité* bereits seit dem 17. Jahrhundert die persönliche Beziehung des Menschen zu Gott bezeichnet. In der angelsächsischen Tradition hingegen ist *spiri-*

tuality die direkte, unmittelbare, persönliche Erfahrung dessen, was die Grenzen des menschlichen Verstandes und Bewusstseins überschreitet. Spiritualität wird hier zur inneren Erfahrung, die von einem kirchlich vermittelten Glauben unabhängig ist. Sie ist religions- und konfessionsübergreifend.

Die Bedeutung des derzeit im Deutschen verwendeten Begriffs *Spiritualität* entspricht in etwa demjenigen der angelsächsischen Tradition und kann sowohl für die spirituelle Erfahrung innerhalb als auch ausserhalb einer bestimmten Religionsgemeinschaft verwendet werden. Spiritualität wird als eine Dimension menschlicher Erfahrung verstanden, des Vermögens, in allem Vordergründigen die letzte, tragende Wirklichkeit zu erahnen.

1.2.2 Persönliche Annäherung

Spiritualität gibt es nie an sich, sondern immer nur in einer konkreten Gestalt.

Um ihren persönlichen Zugang zum Begriff Spiritualität zu klären, unternahmen es die Mitglieder der Arbeitsgruppe, die diesen Leitfaden erarbeitet haben, eigene Formulierungen zu finden.

- *Spiritualität bedeutet, sich in einem grösseren Zusammenhang aufgehoben zu wissen, der dem alltäglichen Leben Sinn gibt. Der Mensch kommt mit dem Geheimnis des Lebens in Berührung und bringt dieses Berührt-Sein zum Ausdruck.*

- *Spiritualität ist die menschliche Fähigkeit, Absurdes, Abgründiges zu ertragen, dem Geheimnis des Lebendigen staunend entgegenzutreten und für das Geschenk des Lebens zu danken.*

- *Spiritualität ist die lebendige Verbundenheit mit allem Seienden. Sie belebt, durchdringt, umhüllt, ernährt und verbindet uns, vergleichbar der Luft, die wir zum Leben brauchen und die alle Menschen über den Atem verbindet.*

Gelebte Spiritualität ist eine Daseinsform und gleichzeitig eine Suchbewegung, das Göttliche in mir und in meinem Nächsten zu entdecken.

- *Spiritualität ist die Beziehung zu einem Letztgültigen. Das kann zum Beispiel Gott, das Göttliche oder der Grund des Seins sein. Sie wird durch eine religiöse Handlung, zum Beispiel ein Gebet, Musik, ein Ritual, Meditation erlebt und erfahren.*

Aus den Umschreibungen wird deutlich, dass Spiritualität eng mit der individuellen Lebensgeschichte verknüpft ist. Die Mitglieder der Arbeitsgruppe sind alle christlich verwurzelt. Wir gehen von einem offenen Verständnis von Spiritualität aus, die entsprechend unserem Hintergrund in christlich-religiösen Formen Gestalt annimmt. Unsere Grundlage ist das christliche Menschen- und Gottesbild, aus dem die Achtung der Würde eines jeden Menschen folgt.

1.3 Spirituelle Grundfragen

Spiritualität als eine Dimension menschlicher Erfahrung kommt in allen Lebensbereichen und -situationen zum Ausdruck. Besonders bedeutsam wird sie, wenn Menschen anfangen, sich mit elementaren Fragen des eigenen Lebens zu beschäftigen. Dabei geht es im Wesentlichen um drei Grundthemen.

Es geht erstens um das *Suchen nach dem Sinn des Lebens*. Lebenssinn wird nicht ein für allemal gefunden. Er muss im Gegenteil immer wieder neu errungen werden, damit wir nicht in Verzweiflung über die Sinnlosigkeit des Daseins verfallen. Insbesondere schwere Schicksalsschläge fordern einen Menschen heraus, sich mit Sinn und Sinnlosigkeit des Lebens auseinander zu setzen.

Zweitens geht es darum, *sich als Teil eines grossen, lebendigen Zusammenhangs zu erfahren*, um nicht in einsamer Trostlosigkeit zu verkümmern. Jeder Mensch braucht und strebt nach Beziehungen, in denen er sich angenommen und aufgehoben fühlt. In der Sprache der Bibel ausgedrückt heisst das, sich als Geschöpf in der Schöpfung eingebettet zu wissen.

Drittens geht es um die *Auseinandersetzung mit der eigenen Vergänglichkeit*, dem Sterben und dem Tod, der sich kein Mensch entziehen kann.

Spirituelle Begleitung will Menschen ermutigen und ermächtigen, sich den genannten Grundfragen in der eigenen konkreten Lebenssituation zu stellen.

2. Psychologische Aspekte

Im Folgenden werden die psychologischen Konzepte, auf die wir uns in der spirituellen Begleitung von Menschen mit Demenz stützen, kurz dargestellt.

2.1 Lebenslange Entwicklung

Um die religiöse und spirituelle Entwicklung im Lauf eines Lebens zu beschreiben, gibt es verschiedene Modelle. Die einen basieren auf Stufen, welche ein Mensch im Lauf seines Lebens erklimmt. Entwicklung wird als ein Fortschreiten von einer Stufe zur nächst höheren beschrieben. Individuell unterschiedlich ist, bis auf welche Stufe ein Mensch kommt. Meist wird die höchstmögliche Stufe im frühen Erwachsenenalter erreicht, womit die persönliche Entwicklung abgeschlossen ist. Das Zurückfallen auf eine tiefere Stufe, ist aus theoretischen Gründen nicht vereinbar mit diesem Modell.

Andere Entwicklungsmodelle orientieren sich stärker am Lebenslauf. Entwicklung vollzieht sich dann nicht vorhersagbar und stetig fortschreitend, sondern steht in ständiger Wechselwirkung mit den Ereignissen, die einem Menschen im

Lauf seines Lebens widerfahren. Entwicklung bedeutet Veränderung, wobei die Richtung der Veränderung offen bleibt.

Für die Begleitung demenzkranker Menschen eignet sich ein evolutionäres Modell, das sich am Prinzip ‹immer höher, immer besser› orientiert, nicht. Ein lebenslauforientiertes Entwicklungsmodell bietet demgegenüber folgende Vorteile:

Erstens ist Entwicklung jederzeit bis zum Tod eines Menschen möglich. Zweitens bleibt die Richtung der Entwicklung offen. Und drittens werden Vergangenheit, Gegenwart und Zukunft eines Menschen aufeinander bezogen und gleichermassen gewichtet.

2.2 Bedrohte Identität

Demenz ist eine Erkrankung, welche die Identität eines Menschen erschüttert. Sie verunsichert und bedroht die bis anhin zentralen Pfeiler der Identität. Um das Ausmass der Bedrohung zu verstehen, ist das 5-Säulen-Modell[1] der Identität, wie es in der Integrativen Therapie verwendet wird, hilfreich.

Identität basiert nach diesem Modell auf folgenden fünf Säulen:

Leiblichkeit	Soziales Netz	Arbeit und Leistung	Materielle Sicherheit	Werthaltungen/-vorstellungen

Eine Demenzerkrankung bedroht mindestens drei der fünf Säulen. Einige Hinweise mögen das verdeutlichen. Die erste Säule, Leiblichkeit, wird brüchig. Hirnfunktionen zum Bei-

[1] Das Modell wurde von Prof. Dr. Dr. Hilarion Petzold für die Integrative Therapie entwickelt.

spiel, auf die man sich vorher selbstverständlich verlassen konnte, fallen zunehmend aus oder sind eingeschränkt. Das soziale Netzwerk wird krankheitsbedingt loser. Menschen mit einer beginnenden Demenz haben die Tendenz, sich von sozialen Kontakten zurückzuziehen. Die dritte Säule, Arbeit und Leistung, fällt mit fortschreitender Krankheit meist ganz weg. Ob die vierte Säule, materielle Sicherheit, weiterhin trägt, ist individuell sehr verschieden. Dasselbe gilt für die fünfte Säule der Werthaltungen.

Wenn mindestens drei von fünf identitätsstützenden Säulen brüchig werden oder gar wegbrechen, hat das eine tief greifende Verunsicherung zur Folge. Um die Identität demenzkranker Menschen zu stabilisieren und damit ihr Wohlbefinden zu fördern, ist es wichtig, sie in allen fünf Lebensbereichen möglichst gut zu unterstützen. Spirituelle Begleitung ist primär auf die Säule *Wertvorstellungen/Werthaltungen* konzentriert, wirkt sich jedoch auch auf die andern Bereiche aus. Sie hat die Aufgabe, lebensfördernde vorhandene wie auch allenfalls neue Werthaltungen, die für die Bewältigung der gegenwärtigen Lebensphase entscheidend sind, behutsam zu stärken. Gelingt ihr das, kann sie einen wertvollen Beitrag dazu leisten, dass auch Menschen mit einer Demenz sich ihrer selbst gewiss bleiben können.

2.3 Veränderte Werthaltungen

Allein schon durch ihr Dasein stellen demenzkranke Menschen die Wertvorstellungen unserer Leistungsgesellschaft in Frage.

Am hohen Stellenwert gemessen, den Selbständigkeit, Rationalität und Leistungsfähigkeit in unserer Gesellschaft aufweisen, können Menschen mit einer Demenz nur versagen. Sie sind weder in der Lage, ihr Leben selbständig zu organisieren, noch fähig etwas zu leisten, was ihnen gesellschaftliche Wertschätzung einbringt. Sie erleben sich als von andern

Menschen abhängig, oft sogar als eine Belastung für andere. Anstelle ihrer intellektuellen Fähigkeiten tritt ihre Gefühlswelt in den Vordergrund.

Unter dem Aspekt *Werthaltungen* betrachtet, sehen wir den Schwerpunkt spiritueller Begleitung darin, den Prozess der Entwicklung von neuen Wertvorstellungen zu unterstützen. Dies wird ermöglicht durch eine Haltung, die sich am jüdisch-christlichen Menschenbild orientiert und an der Würde eines jeden Menschen festhält. Abhängigkeit, Empfangenmüssen und Emotionalität, die das Leben der erkrankten Menschen prägen, werden als wertvoll und als notwendige Korrektur unseres Leistungsdenkens erachtet. Das bedeutet, dass Begleitende bereit sind, ihre eigenen Wertvorstellungen zu hinterfragen und sich durch die Begegnung mit demenzkranken Menschen verändern zu lassen.

3. Medizinische und pflegerische Aspekte

3.1 Krankheitsbild

Demenz ist ein Syndrom, eine Gruppe von bestimmten Krankheitserscheinungen, die für ein Krankheitsbild charakteristisch sind. Meistens steht hinter diesem Krankheitsbild dieselbe Ursache, aber der Verlauf der Krankheit ist unbekannt. Demenz tritt als Folge einer Krankheit des Gehirns auf, die Funktionen der Hirnrinde beeinträchtigt. Sie verläuft chronisch über Monate oder Jahre und kann fortschreiten. Zu den Funktionen der Hirnrinde, die von der Demenz betroffen sein können, gehören das Gedächtnis, das Denken, die Orientierung, die Auffassungsgabe, das Rechnen, die Lernfähigkeit, die Sprache und das Urteilsvermögen. Meistens kommen Beeinträchtigungen in der Kontrolle der Gefühle und im sozialen Verhalten sowie Motivationsschwierigkeiten dazu. Aber auch alltägliche Aktivitäten wie sich waschen, sich ankleiden, essen oder die Toilette benutzen können zunehmend erschwert werden.

Voraussetzung für die Diagnose einer Demenz ist die Abnahme des Gedächtnisses und des Denkvermögens bei gleichzeitiger Minderung der Fähigkeit, die alltäglichen Aktivitäten zu bewältigen, während mindestens sechs Monaten.

Das dementielle Syndrom tritt bei verschiedenen Krankheiten auf und verläuft je nach Krankheit ganz unterschiedlich. Die beiden wichtigsten Formen im Alter sind die Demenz bei der Alzheimerkrankheit und die Demenz aufgrund von Gefässverschlüssen im Gehirn.

Die Demenz durch Alzheimerkrankheit entsteht durch verschiedene Veränderungen im Gehirn. Sie beginnt schleichend und nimmt langsam zu. Die Demenz aufgrund von Gefässverschlüssen im Gehirn tritt eher plötzlich auf und verläuft schrittweise. Wichtig ist, die Krankheit, die hinter einem Demenzsyndrom steht, bzw. andere Krankheiten mit ähnlichen Krankheitszeichen korrekt zu diagnostizieren oder sie auszuschliessen. Je nach Ursache des Demenzsyndroms ist die Behandlung ganz unterschiedlich. Zu den Krankheiten oder Störungen, die mit einem dementiellen Syndrom verwechselt werden können, gehören depressive Störungen, akute Verwirrtheit aufgrund verschiedener Ursachen, Intelligenzminderung, geistige Schwäche wegen gestörter sozialer Beziehungen und fehlender Bildungsmöglichkeiten sowie Störungen aufgrund von Medikamenten. Eine Person kann natürlich von verschiedenen dieser Krankheiten betroffen sein.

3.2 Sichtweise der Krankheit

Bei Menschen mit Demenz lassen sich spezielle Verhaltensweisen beobachten wie zum Beispiel starker Bewegungsdrang, Unruhe oder Angst. Es bestehen kontroverse Meinungen darüber, wie sie verstanden werden sollen. Die einen sind der Ansicht, dass solche Verhaltensweisen eine direkte Folge der Veränderungen im Gehirn seien. Andere vertreten die Meinung, dass sie durch das Umfeld ausgelöst werden, zum Beispiel dann, wenn einem Menschen mit einer Demenzerkrankung nicht mehr als Person begegnet wird. Sie können aber auch als Ausdruck des Erlebens der Erkrankten gesehen werden, der von den Betreuenden interpretiert werden muss, um verstanden zu werden.

Die Pflege von Menschen mit Demenz hat im letzten Jahrhundert eine Entwicklung von einer nihilistischen über eine optimistische zu einer realistischen Sichtweise durchgemacht.

Die *nihilistische Sichtweise*, die zum Teil heute noch anzutreffen ist, sieht Demenz als Krankheit, bei der der kranke Mensch allmählich ins Nichts verschwindet, lebendig tot ist und von der Gesellschaft in Spezialeinrichtungen abgeschoben werden muss.

Der *Optimismus* war gekennzeichnet durch die Entdeckung neuer Medikamente, die Hoffnung auf Heilung versprachen. In dieser Zeit wurde für die Pflege von Menschen mit Demenz das sogenannte Realitätsorientierungstraining entwickelt, mit dem versucht wurde, sie in die Wirklichkeit, wie sie Gesunde sehen, zu holen.

Die heute aktuelle *realistische Sicht* geht davon aus, dass Menschen mit Demenzerkrankungen mit einer auf ihre Gefühle ausgerichteten Kommunikation erreicht werden können. So soll ein Verständnis für die innere Realität von Menschen mit Demenz geschaffen werden. Diese innere Welt ist von starken Gefühlen wie Angst, Verunsicherung und Scham geprägt.

3.3 Selbstwahrnehmung der Erkrankten

Erzählungen von Menschen mit einer beginnenden Demenz zeigen, dass sie diese Veränderungen bei sich wahrnehmen und darauf reagieren. Dabei versuchen sie einerseits, sich vor der Bedrohung, die sie erleben, zu schützen und sich andererseits damit auseinander zu setzen und sie in ihr Leben zu integrieren. Sie befinden sich irgendwo zwischen dem Bestreben, sich selbst zu bewahren, und dem Versuch, sich an die bei sich wahrgenommenen Veränderungen anzupassen.

Während die einen eher versuchen, diese Veränderungen zu verharmlosen, und beispielsweise ihre Vergesslichkeit auf ihr Alter zurückführen, nehmen andere die Schädigungen in ihrem Gehirn unmittelbar als solche wahr. Es gibt Personen, die versuchen, sich vor dieser Bedrohung zu schützen und möglichst wie gewohnt weiterzuleben. Andere setzen sich damit auseinander und äussern ihre Angst, die Kontrolle über ihr Leben oder ihren sozialen Status zu verlieren und nutzlos und zu einer Belastung zu werden. Viele Betroffene versuchen zu Beginn ihrer Krankheit, ihre Vergesslichkeit und ihre Ängste vor anderen zu verheimlichen, sie zu überspielen oder zu entschuldigen. Erst wenn die Schwierigkeiten andauern oder gar so schlimm werden, dass sie sich im Alltag spürbar auswirken, erzählen sie anderen davon und suchen Hilfe. Dabei kommt es immer wieder vor, dass ihnen die Diagnose ihrer Krankheit nicht mitgeteilt oder erläutert wird.

Es gibt auch Menschen, die in Betracht ziehen, ihr Leben zu beenden, solange sie das noch können. Es ist also wichtig, sich bewusst zu sein, dass Menschen am Anfang einer dementiellen Erkrankung die Veränderungen durch die Krankheit wahrnehmen, jedoch sehr unterschiedlich damit umgehen.

3.4 Leidenserfahrungen

Auch Menschen mit einer weit fortgeschrittenen Demenzerkrankung sind nicht leer, ohne Geist, wie das Wort ‹de-ment› impliziert. Dies zeigen klare Momente, in denen Menschen mit fortgeschrittener Demenz besonders bei nahen zwischenmenschlichen Kontakten einige Wörter oder Sätze sagen, die ausdrücken, dass sie ihre Situation wahrnehmen oder sich manchmal sogar an kürzlich zurückliegende Ereignisse oder Begegnungen erinnern. Allerdings verlieren sie die Fähigkeit, etwas in seiner Ganzheit wahrzunehmen oder die Bedeutung eines Ereignisses zu erkennen.

Sie nehmen zum Beispiel ihr Leben nicht mehr als Gesamtes wahr oder haben zunehmend Mühe, einen ganzen Satz zu sagen. Die Bedeutung von Worten, Gegenständen, Orten und auch von Menschen kann verloren gehen. Menschen mit Demenz leiden daran, dass sie sich von sich selber, anderen Menschen, Gegenständen, Aktivitäten und auch von der spirituellen Lebensdimension entfremden. Sie fühlen sich nicht zu Hause, bei sich nicht und in ihrer Umgebung nicht.

Menschen mit Demenz sehnen sich nach Vertrautheit. Was einem Menschen Vertrautheit vermitteln kann, ist von seiner Lebensgeschichte bestimmt. Bei Menschen mit Demenz sind vor allem die Jugendjahre und die aktive Zeit ihres Erwachsenseins bedeutsam.

So wollen Frauen häufig nach Hause gehen, da sich ihr Leben weitgehend zu Hause abspielte, und sie dort ihren Verantwortungsbereich hatten. Sie finden sich nur schwer in einer fremden Umgebung, z.B. einer Pflegeeinrichtung zurecht.

Männer waren in ihrem Leben durch Berufstätigkeit und Vereinsleben mehr nach aussen gerichtet. Entsprechend scheint es ihnen leichter zu fallen, sich in eine fremde Umgebung einzufinden.

Es ist eine wichtige Aufgabe der Betreuung, für Menschen mit Demenz ein Gefühl der Vertrautheit entstehen zu lassen. Begleitende Personen können Vertrautheit schaffen, wenn sie dem kranken Menschen mit der Haltung begegnen, ihn verstehen zu wollen. Das benötigt ein auf Wissen, Fähigkeiten,

Kreativität und Geduld abgestütztes Suchen, Abtasten und Ausprobieren.

Den leidenden Menschen Trost zu vermitteln, ist eine weitere wichtige Aufgabe. Durch Trösten und Getröstet-Werden entsteht Gemeinschaft. In einer solchen Gemeinschaft kann die schmerzliche Erfahrung der Krankheit eine Bedeutung bekommen. In der Pflege und Begleitung von Menschen mit fortgeschrittener Demenz kann Gemeinschaft gepflegt werden, indem über den Körper Trost vermittelt wird – durch Berührung, gemeinsames Musik-Hören, Singen, Tanzen oder Hin- und Herwiegen. Dadurch kann für die demenzkranke Person ein Gefühl des Nachhausekommens entstehen.

Eine besonders schmerzliche Leidenserfahrung liegt in der Wahrnehmung, dass das Leben sinnlos geworden scheint. Demenzkranke Menschen sehnen sich oft nach dem Ende ihres Lebens oder denken sogar über Selbsttötung nach. Menschen mit Demenz Trost zu spenden, heisst sie Schönheit, Güte, Akzeptanz und Liebe erfahren zu lassen.

4. Zusammenfassung

Die Voraussetzungen, von denen wir in der spirituellen Begleitung demenzkranker Menschen ausgehen, lassen sich aufgrund der oben ausgeführten theologischen, psychologischen, medizinischen und pflegerischen Ausführungen folgendermassen zusammenfassen.

- Ausgehend vom jüdisch-christlichen Menschen- und Gottesbild halten wir an der unveräusserlichen Würde eines jeden Menschen unabhängig von seinem körperlichen, seelischen oder geistigen Zustand fest.
- Die Person steht für uns im Mittelpunkt. Wir nehmen den demenzkranken Menschen als gleichwertiges Gegenüber wahr, dem wir mit Wertschätzung begegnen. Wir sind be-

reit, uns und unsere Wertvorstellungen von ihm verändern zu lassen. Wir orientieren uns an seinen Ressourcen, deren Entwicklung bis zum Tod möglich ist.

- Indem wir Angewiesensein auf andere, Empfangen und Emotionalität als wertvoll erachten, leisten wir mit spiritueller Begleitung einen Beitrag zur Stabilisierung der Identität von Menschen mit Demenz.

- Auf dem Hintergrund unserer christlichen Ausprägung von Spiritualität sind wir offen für die spirituelle Dimension, wie sie sich in den Lebensgeschichten sowie den gegenwärtigen Erfahrungen der von uns Begleiteten manifestiert.

- Eine Hauptaufgabe spiritueller Begleitung sehen wir darin, demenzkranke Menschen in ihrem Leiden zu trösten. Erfahrungen von Gemeinschaft, ein verlässliches Umfeld wie auch vertraute religiöse Rituale, die einen Zusammenhang mit der Lebensgeschichte der Begleiteten herstellen, können Sinn und Geborgenheit vermitteln.

Teil 2: Praxis

1. Menschen mit Demenz begegnen

1.1 Persönliche Haltung

Die Diagnose Demenz löst nicht nur bei Menschen, die von der Krankheit betroffen sind, Angst und Verunsicherung aus. Auch für Angehörige, Freundinnen und Freunde sowie für Fachpersonen bedeutet die Konfrontation mit diesem Krankheitsbild eine grosse Herausforderung. Deshalb scheint uns das Nachdenken über die persönliche Haltung, die wir gegenüber dem Syndrom Demenz sowie den von der Krankheit betroffenen Menschen einnehmen, eine zentrale Grundlage für Begegnungen mit Menschen mit Demenz zu sein. So stellt sich beispielsweise die Frage, ob Dementsein eine ebenso sinnvolle Seinsweise sein kann wie Kindsein, Erwachsensein oder aktives Altsein. Die Krankheit zwingt uns, über unser Verhältnis zu Leistung und Selbständigkeit nachzudenken sowie über die Bedeutung von Abhängigkeit, Emotionalität und Empfangen. Die Zunahme der Demenzerkrankungen im Alter fordert uns heraus, unsere Bilder und Vorstellungen von älter werden, Kranksein und Vergänglichkeit zu reflektieren und uns die eigenen Wertvorstellungen bewusst zu machen. In der Begegnung mit Menschen mit Demenz ist das Verständnis unabdingbar, dass Alter, Kranksein und selbst Demenz zum Leben gehören.

In der spirituellen Begleitung von Menschen mit Demenz ist die Grundüberzeugung zentral, dass jede Begegnung zwischen Menschen spirituellen Charakter hat. Wir sind alle Geschöpfe Gottes. Wir alle haben unsere unverwechselbare Geschichte, in welcher sich die Spuren Gottes finden lassen. Unsere Lebensgeschichten sind von Glauben, Zweifel, Liebe, Hass, Hoffnung und Angst geprägt. Wir sind herausgefordert, Menschen mit Demenz als unverwechselbaren Menschen in aller Offenheit und Echtheit zu begegnen, uns auf sie einzulassen und bereit zu sein, sie als gleichwertige Menschen zu sehen und von ihnen zu lernen. Die Welt eines Menschen mit Demenz ist nicht nur ihm selber, sondern auch Angehörigen oder Fachpersonen fremd. Wenn wir Menschen mit Demenz spirituell begleiten, müssen wir uns auf ihre Welt einlassen und uns mit ihr vertraut machen. Wir müssen ihre Krankheit und ihr Erleben kennen lernen.

Demenzkranke versuchen gerade zu Beginn ihrer Erkrankung auf unterschiedliche Weise, die täglichen Veränderungen, die zu immer neuen Grenzen und Beschränkungen führen, zu meistern. Später leben Menschen mit Demenz zunehmend in ihrer Vergangenheit. Die Erfahrung, dass ihnen immer mehr fremd wird, ist für die kranken Menschen genauso schmerzlich wie für die Personen, die ihnen nahe stehen. Es ist wichtig, die Erkrankten und ihre individuelle Art und Weise, mit der Krankheit umzugehen, zu achten. Sie sollen so, wie sie sich fühlen und sich ausdrücken, respektiert und wertgeschätzt werden. Vieles wird uns fremd oder unverständlich vorkommen. Es zu bewerten, ist nicht unsere Aufgabe. Vielmehr brauchen wir eine offene Haltung, aus der heraus wir versuchen, dieses Verhalten zu verstehen. Wir müssen uns in Menschen einfühlen können, die in sich hinein sinken, so wie sich Eltern in ihre Kinder einfühlen können müssen. In der Beziehung zu anderen Menschen erfahren Menschen mit Demenz, dass ihre Würde respektiert wird und sie wertgeschätzt sind. Durch offene, verständnisvolle Beziehungen erfahren sie Vertrautheit und Trost in ihrem Leiden. Auch ihre Angehörigen sind auf tröstliche, verständnisvolle Beziehungen zu anderen Menschen angewiesen.

Zum Reflektieren der eigenen Haltung gehört auch, sich der eigenen Verfassung bewusst zu werden. Die Stimmung einer Betreuungsperson wird von Menschen mit Demenz aufgenommen und wirkt sich auf ihr Befinden aus.

1.2 Kommunizieren auf allen Ebenen

1.2.1 Verbale Kommunikation

Durch die Beeinträchtigung verschiedener Hirnleistungsfunktionen wird das Kommunizieren für Menschen mit Demenzerkrankungen zusehends schwieriger. Voraussetzung für eine gute Begleitung ist daher eine entsprechend angepasste Kommunikation. Diese kann entstehen, wenn die betreuende Person glaubt, dass ein Mensch trotz seiner Erkrankung als Person erhalten bleibt und da ist. Im Gespräch brauchen Menschen mit Demenz unsere uneingeschränkte Aufmerksamkeit und unsere ganze Präsenz. Zeit und Ruhe sind wichtige Voraussetzungen für ein spannungs- und stressfreies Gespräch. Weder Radiogeräusche noch das Rauschen eines Fernsehapparates sollen den Kontakt stören. Geräusche, die der demenzkranke Mensch nicht einordnen kann, bereiten ihm Mühe, können ihn in Unruhe versetzen oder gar Aggressionen wecken. Wenn eine Drittperson anwesend ist, soll nicht über den kranken Menschen gesprochen werden, sondern mit ihm.

Wichtig ist, mit den demenzkranken Menschen auf Augenhöhe zu gehen, ihnen in die Augen zu schauen, sie anzusprechen, ihren Namen zu nennen und sich vorzustellen. Die Hand geben, eine behutsame Berührung am Arm oder an der Schulter kann die Kontaktaufnahme unterstützen.

Langsam und deutlich zu sprechen, einfache Worte und kurze Sätze zu verwenden sowie Pausen zuzulassen, helfen Menschen mit Demenz, an einem Gespräch teilzuhaben und unterstützen sie dabei – wie Studien zeigen, sogar bei fortgeschrittener Krankheit –, sich selber auszudrücken. Es kann auch hilfreich sein, die Wörter, die eine demenzkranke Person nicht selber findet, zu ergänzen, ihre Sätze zu wiederholen oder nachzufragen. Geeignet sind Fragen, die mit den Wörtern ‹wer›, ‹was›, ‹wie›, ‹wann›, ‹wo› beginnen. Ungeeignet sind hingegen Fragen wie ‹wozu?›, ‹warum?› oder ‹mit welcher Absicht?›. Menschen mit Demenz sind damit überfordert.

Wichtig ist zu prüfen, ob der demenzkranke Mensch eine Aussage verstanden hat. Dies kann geschehen, indem wir darauf achten, wie er reagiert. Ein Ja oder ein Nein genügen oft nicht als Antwort.

- *Die unruhig im Zimmer auf und ab gehende Frau beispielsweise kann mit den folgenden Worten angesprochen werden: «Was suchen Sie, Frau X?» Auf die Frage, warum sie so unruhig sei, würde sie vielleicht unwirsch entgegnen, dass sie doch die Ruhe selber sei.*

Assoziationen helfen den Erkrankten, Fragen besser zu verstehen. Es ist deshalb hilfreich, das, worüber gerade gesprochen wird, zu zeigen: zum Beispiel gemeinsam aus dem Fenster zu schauen, während über das Wetter gesprochen wird, oder der demenzkranken Person bei der Frage, ob sie etwas trinken möchte, ihr Trinkglas hinzuhalten. Dabei ist es unwichtig, ob eine Antwort nach unserem Verständnis richtig oder falsch ist. Der Hinweis auf Widersprüche oder unlogische Antworten konfrontiert Menschen mit einer Demenzerkrankung mit ihrer Unzulänglichkeit. Auch Fragen über kurz zuvor Berichtetes oder Geschehenes können sie verunsichern. Begleitende müssen zudem verstehen, dass Menschen mit Demenz manchmal gleichzeitig in der Vergangenheit und in der Gegenwart kommunizieren.

Die Sprache einer betreuenden Person – spreche sie nun Schweizerdeutsch, Deutsch oder mit einem fremden Akzent – kann unbeabsichtigte Reaktionen bei Menschen mit einer Demenz hervorrufen. So kann die deutsche Sprache Erinnerungen an traumatische Kriegserlebnisse wecken oder ein fremder Schweizerdialekt an eine Jugendliebe erinnern. Bei der Betreuung von Demenzkranken in Israel, die aus Deutschland oder anderen europäischen Ländern stammen, hat sich gezeigt, wie bedeutsam die Kenntnis der Sprache der jeweiligen

Herkunftsländer sowie das Wissen um die mit dieser Herkunft verbundenen Erfahrungen sind.

Weit hilfreicher als Fragen sind Erzählungen und Berichte, die einen Bezug zum Leben des Gegenübers haben. Es macht nichts, wenn die demenzkranke Person nicht alles versteht. Sie wird sich am Bericht freuen und die in der Erzählung enthaltenen Gefühle nachvollziehen und geniessen. So bekommt sie den Eindruck, dazuzugehören. Sie findet sich vielleicht sogar mit ihrer eigenen Geschichte darin, und wir können dazu beitragen, dass sie sich für einen Moment ganz und zu Hause fühlt. Das Erzählen von Geschichten führt zum Erleben von Gemeinschaft und spendet somit Trost und das Gefühl von Zugehörigkeit und Aufgehobensein.

1.2.2 Nonverbale Kommunikation

Ein weiterer Aspekt in der Kommunikation mit Menschen mit Demenz ist die nonverbale Kommunikation. Damit sind Körperhaltung und Körpersprache gemeint. Sie verraten viel mehr, als wir ahnen. Durch die nonverbale Kommunikation drückt sich unsere innere Haltung aus, für die Menschen mit Demenz ein feines Gespür haben. Nervös die Hände zu reiben oder mit den Fingern zu spielen, kann ein Gespräch stören, während eine gelassene, offene Haltung für die Begegnung und das Gespräch förderlich sind.

Wenn ein Gespräch bei fortgeschrittener Demenzerkrankung unmöglich oder nur noch sehr beschränkt möglich ist, gewinnt die Körpersprache an Bedeutung. Demenzkranke Menschen reagieren auf körperliche Nähe und auf die Melodie unserer Sprache; sie merken, ob wir etwas Trauriges oder Schönes berichten, selbst wenn sie die Bedeutung der Worte nicht erfassen können. Berührungen können wohltuend wirken und sind in der Begegnung mit Demenzkranken wichtig. In der Berührung liegt eine Kraft, die von einer Person auf die andere übergeht. Sie kann freundschaftliche Nähe und liebevolle Zuwendung ausdrücken. Sie kann Kraft spenden oder auch Kraft kosten. Im positiven Fall ist sie Ausdruck einer zumeist innigen Beziehung zwischen Menschen und als stellvertretende Berührung auch Ausdruck einer innigen Beziehung zwischen Gott und Mensch.

- *Ein Mann sitzt in sich zusammengesunken und weint. Eine Pflegende spricht ihn an. Seine Mimik verändert sich. Sie fragt, ob sie seinen Rücken berühren dürfe. Achtsam und mit unterschiedlichem Druck beginnt sie eine Acht auf seinen Rücken zu zeichnen. «Das ist eine liegende Acht», sagt sie, «das bedeutet Unendlichkeit. Sie sind unendlich geliebt.» Das Weinen lässt nach, der Mann hebt langsam den Kopf, und ein leises Lächeln huscht über sein Gesicht.*

Es kann sein, dass sich eine demenzkranke Person wie ein Kind anlehnen möchte. Körperliche Nähe zu geben, kann dann sehr wohltuend für sie sein. Dabei darf aber nicht vergessen werden, dass sie kein Kind ist. Menschen mit Demenz ist als Erwachsenen zu begegnen. Sie dürfen nicht bevormundend behandelt werden. Es ist zudem wichtig, sich bewusst zu sein, dass Menschen je nach ihrer Lebensgeschichte sehr unterschiedlich auf körperliche Nähe reagieren. Eine Umarmung kann trösten, sie kann aber auch Erinnerungen wecken, die beängstigend sind. Sie kann zum Beispiel an die liebevolle Umarmung der Mutter oder aber an die bedrohliche Nähe eines strengen und lieblosen Lehrers erinnern.

1.2.3 Paraverbale Kommunikation

Eine dritte Form der Kommunikation ist die paraverbale Kommunikation. Damit sind die Gefühle gemeint, mit denen wir anderen Menschen begegnen. Sie kommen vor allem im Tonfall unserer Stimme zum Ausdruck. Eine Stimme, die Zuneigung und Freundlichkeit ausstrahlt, ein Lächeln und ein wohlwollender Blick sind oft der Schlüssel zu einem gelingenden Gespräch. Auch Humor ist hilfreich. Lachen ist eine der ersten Kommunikationsformen, die ein Kind lernt, und die ein demenzkranker Mensch auch bei fortgeschrittener Krankheit versteht. Humor befreit und wirkt entspannend, solange der kranke Mensch nicht das Gefühl hat, er werde ausgelacht. Humor entlastet sowohl Betreuende als auch Kranke.

Eine grosse Herausforderung im Kontakt mit Menschen mit Demenz ist es, den Sinn hinter dem scheinbaren Unsinn und der Verwirrung zu suchen. Meistens gibt uns die Gefühlslage der demenzkranken Person den Schlüssel zum Verständnis.

- *Wenn eine Frau mit glücklichem Gesicht behauptet, sie sei schwanger, dann ist ihre momentane Stimmung von Zufriedenheit und von tiefem Glück geprägt. Also werden wir darauf reagieren, ihr auf dieser Ebene begegnen und ihr nicht beweisen, dass sie viel zu alt sei für eine Schwangerschaft.*

Bilder, die Menschen mit Demenz vor Augen haben, sind in ihrer Welt und in ihrem Empfinden real und können Ängste oder Glücksgefühle auslösen. Auf diese Bilder und die dahinter verborgenen Gefühle muss einfühlsam eingegangen werden. Wir sehen sie zwar nicht, aber wir können ihre Wirkung auf eine demenzkranke Person nachempfinden. Insbesondere auf Ängste muss eingegangen werden, um zusammen mit dem Gegenüber nach einem Ausweg suchen zu können.

- *«Da oben in der Ecke sitzt ein schwarzer Mann und schaut so böse», sagt ein verängstigter Mann. Eine beruhigende Antwort kann sein: «Ich sehe den Mann nicht, aber ich sehe, dass Sie Angst haben. Wollen wir das Fenster öffnen, damit er verschwinden kann? Bis er weg ist, bleibe ich bei Ihnen.»*

Sind die Bilder Auslöser für Glücksmomente, freuen wir uns mit, nennen das Glück beim Namen und ermutigen die demenzkranke Person, der Freude Ausdruck zu verleihen, zum Beispiel mit Singen, Lachen oder Tanzen. Wird Menschen mit Demenz ermöglicht, ihre Gefühle, Freude, Angst, Trauer oder Wut, auszudrücken, fühlen sie sich geborgen und getragen. Ihr Vertrauen in die Begleitenden wird gestärkt, und sie erfahren Trost in der Begegnung.

Demenzkranke Menschen nehmen auch unsere Gefühle wahr. Sind wir traurig oder belastet, geschieht es nicht selten, dass ein Rollentausch stattfindet, und sie versuchen, uns zu trösten.

Alle drei Ebenen der Kommunikation – verbal, nonverbal und paraverbal – müssen übereinstimmen. Unsere Botschaften sollen klar und eindeutig übermittelt werden. Es ist wichtig, in der Kommunikation mit Menschen mit Demenz authentisch zu sein.

1.3 Alltägliches meistern

Das Regelmässige und Verlässliche, das sich Wiederholende und Wiedererkennbare kann Personen mit Demenzerkrankungen Stabilität vermitteln und wesentlich zu ihrem Wohlbefinden beitragen. Rituale erleichtern es ihnen, den Alltag zu meistern. Der sich wiederholende Tagesablauf gibt Halt und Sicherheit. In Institutionen, in welchen mehrere Personen an der Betreuung von Menschen mit Demenz beteiligt sind, ist darauf zu achten, für Rituale Absprachen zu Ort und Zeit, zur Form und zum Ablauf zu treffen. Persönliche Interessen, Lebensthemen, Beruf oder Hobbies der demenzkranken Menschen können Hinweise für das Gestalten von Alltagsritualen geben. Rituale stiften Sinn, schenken das Gefühl des Geborgenseins und der Vertrautheit. So fühlen sich Menschen mit Demenz aufgehoben und verstanden.

In der Begegnung mit Menschen mit Demenz ist es nötig, sich ganz auf sie auszurichten und sich ihrem Tempo sowie ihrem momentanen Empfinden anzupassen. Kleinigkeiten können plötzlich wichtig werden und geplante Handlungen verzögern. Die Uhr am Handgelenk einer Pflegeperson zum Beispiel oder ein Schmuckstück können Erinnerungen wecken, denen eine demenzkranke Person unverzüglich nachgehen will. Dies verlangt dann den Aufschub des geplanten Frühstücks oder des Spaziergangs. Es geht darum, mit dem Gegenüber in *seinem* ‹Hier und Jetzt› zu leben. Was gestern war oder vor dreissig Jahren, ist für ihn heute real. Ein Mensch mit Demenz lebt jeweils in der Zeit, die im Moment in seinem Bewusstsein gegenwärtig ist.

Demenzkranke Personen sollen im Alltag so begleitet werden, dass sie nicht überfordert sind und die Zeit bekommen, die sie brauchen. Sie dürfen aber auch nicht unterfordert werden. Was eine demenzkranke Person selber tun kann, soll ihr überlassen werden. Die Erfahrung, etwas selber gemeistert zu haben, stärkt das Selbstwertgefühl. Möglicherweise muss jemand zu Beginn einer Handlung oder Verrichtung geführt werden, bis die Erinnerung wieder kommt. Die Ehefrau eines demenzkranken Mannes kann sich etwa selber die Zähne putzen und ihn dabei zuschauen lassen, bis er selber seine Zahnbürste nimmt und sich die Zähne putzt.

Bei den täglichen Verrichtungen ist die Würde der Erkrankten stets zu respektieren. Dazu gehört, ihr Schamgefühl zu achten, auch wenn sie selbst gewisse Formen nicht mehr beachten oder ihnen das Gefühl für das richtige Benehmen teilweise verloren gegangen ist.

1.4 Ressourcen entdecken

Unter Ressourcen werden jene Kräfte, Fähigkeiten, Reserven und Möglichkeiten verstanden, die ein Mensch zur Gestaltung und Bewältigung seines Lebens einsetzen kann. Während die Probleme, Einschränkungen und Beschwerden eines Menschen mit Demenz meist offen zu Tage treten und bekannt sind, müssen seine Ressourcen erst entdeckt werden. Indem sie gefördert werden, wird das Selbstwertgefühl gestärkt und das Gefühl der Minderwertigkeit reduziert. Die Ressourcen eines Menschen wahrzunehmen und zu fördern, bedeutet, ihn ganzheitlich wahrzunehmen.

An Veränderungen müssen Menschen mit Demenz langsam herangeführt werden. Desorientierung durch einen Ortswechsel kann eine Ursache für Unruhe, Angst oder Aggression sein. Ein Ausflug kann aber auch Erinnerungen an Vertrautes wecken und dem Demenzkranken wohl tun. Es ist nicht angebracht, Menschen mit fortgeschrittener Demenz Neues beibringen zu wollen. Es ist aber wichtig, stets offen für verloren geglaubte Fähigkeiten zu sein, die plötzlich wieder zum Vorschein kommen können, diese zu schätzen und als Ressourcen wahrzunehmen. Nahe zwischenmenschliche Begegnungen können bewirken, dass Fähigkeiten für kurze Zeit wieder aufscheinen, mit denen niemand mehr rechnet. Es kann zum Beispiel vorkommen, dass eine Frau, die sich nicht mehr selber ankleiden kann, in einer Jassrunde nicht nur korrekt mitspielt, sondern auch die Spielpunkte richtig zusammenzählt und aufschreibt.

Gefühle und Antriebe sind wichtige Quellen, aus denen Menschen mit Demenz schöpfen können. Gefühle sind der spontane Ausdruck des Befindens, die Reaktion auf Erlebtes oder auf Begegnungen. Demenzkranke Personen sind in der Äusserung ihrer Gefühle echt und spontan. Ihre Freude wirkt ansteckend, die Wut ist energiegeladen, die Trauer tief und die Zuneigung heftig. Durch diese Gefühlsregungen spüren sie sich und fühlen sich stark.

Antriebe sind Impulse, die das Handeln eines Menschen prägen: Der starke Wille, der Ordnungssinn oder der Sparsinn beispielsweise sind Auslöser für das Handeln, Tun oder Lassen eines Menschen. Was die Generation einer demenzkranken Person gelernt hat, oder was als Norm galt, was in der Familie üblich war, oder was sie im Lauf ihres Lebens verinnerlichte, formte ihre Antriebe. Alles aufessen zu müssen oder nicht unnötig Wäsche schmutzig zu machen, gehören zum Beispiel dazu. Diese verinnerlichten Grundsätze sind Teil der Lebensgeschichte eines Menschen und kommen im Alltag zum Ausdruck. Sie sind für Menschen mit Demenz ein Motor ihres Handelns.

Die Gefühle und Antriebe eines Menschen kennen zu lernen und sie in der Alltagsgestaltung bewusst zu beachten, ist Voraussetzung, um ihn zu verstehen.

1.5 Lebensgeschichten kennen lernen

Ein grosser Erfahrungsschatz für Menschen mit Demenz sind Ereignisse aus ihrer Lebensgeschichte, die sie verinnerlicht haben und die ihrem momentanen Bild, das sie von sich selbst haben, entsprechen. Betreuende brauchen deshalb eine Vorstellung davon, wer die demenzkranke Person ist. Sie müssen ihre Lebensgeschichte wie auch ihre aktuelle Situation kennen. Grundlegend für die Begleitung ist, die wichtigsten Daten und Fakten einer Lebensgeschichte kennen zu lernen, etwa im Gespräch mit Angehörigen, Freundinnen und Freunden. Die Lebensgeschichte muss zudem in den politischen, wirtschaftlichen, religiösen und sozialen zeitgeschichtlichen Zusammenhang gestellt werden. Dadurch entwickelt sich ein Gesamtbild einer Person, das im Kontakt mit ihr bedeutsam ist.

Eine Frau mit Jahrgang 1923 aus ländlichem Umfeld und behüteten und strukturierten Familienverhältnissen ist anders geprägt als eine desselben Jahrgangs aus dem Arbeitermilieu einer Vorstadt, deren Kindheit vom Alkoholismus eines gewalttätigen Vaters überschattet war. Darüber hinaus bekommen alle Geschichten und Anekdoten, die der demenzkranke Mensch selber erzählt, einen grossen Stellenwert. Auch hier sind weder Wertungen noch Korrekturen angebracht. Die demenzkranke Mutter beispielsweise erzählt mit blumigen Worten und strahlendem Gesicht die Geschichte ihres ersten Kusses. Früher hat sie dieses Erlebnis ganz anders dargestellt. So wie sie es heute schildert, ist es jetzt für sie wahr.

Demenzkranke Menschen können Wutausbrüche haben, aggressives Verhalten und Unruhe zeigen. Ein demenzkranker Mann würde am liebsten aus der Haut fahren, weil er sich immer neuer Grenzen bewusst wird, und ihm trotz grossen Bemühens Fehler unterlaufen, er Antworten schuldig bleibt oder feststellen muss, dass er einfache Tätigkeiten nicht mehr ausführen kann.

Aggression kann viele Ursachen haben. Sie wurzelt oft in der Frustration, die sich einstellt, wenn es nicht mehr gelingt, sich im Alltag adäquat zu verhalten. Sie kann bedeuten, dass jemand Mühe hat, seine Gefühle differenziert auszudrücken. Vielleicht kann das Verhalten eines anderen Menschen nicht mehr eingeordnet werden. Oder jemand fällt in Verhaltensmuster zurück, die ihm als Kind Aufmerksamkeit und Zuwendung brachten. Diskussionen zu führen oder Kritik anzubringen, hilft nicht weiter. Aggression kann vorgebeugt werden, indem man sich deren Ursache bewusst macht, zum Beispiel durch das Protokollieren von Wutausbrüchen, wodurch möglicherweise bestimmte Muster erkennbar werden.

Interessanterweise tritt Aggression häufig in denselben Situationen auf, und Betreuende reagieren meist auf die gleiche Weise. Mit Fantasie kann hier experimentiert werden, und das eigene Verhalten oder der Tagesplan können so verändert werden, dass Aggressionen nicht mehr hervorgerufen werden. Ansprechen und Zuhören, Ruhe bewahren, eine verschlossene Tür öffnen und einen aggressiven Menschen hinausbegleiten, könnte weiterhelfen. Aggressionen sind nicht grundsätzlich negativ. Auch sie sind eine Ressource, die einen Menschen darin unterstützt, seine Situation zu bewältigen. Aggressionen dürfen nicht persönlich genommen oder als Beleidigung aufgefasst werden.

Die ständige Überforderung einer demenzkranken Person kann aber auch dazu führen, dass sie sich zurückzieht, verstummt oder depressiv wird. Deshalb ist die gemeinschaftliche und tröstende Nähe anderer Menschen wichtig. Es ist eine Herausforderung, Menschen mit Demenz nahe zu sein, ohne sie einzuengen, ihnen Rückzugsmöglichkeiten zuzugestehen, aber jeweils für sie da zu sein, wenn sie sich verloren fühlen und Angst bekommen.

1.7 Eigene Grenzen anerkennen

Eine dementielle Entwicklung dauert oft viele Jahre. Sie betrifft nicht nur den kranken Menschen selbst, sondern in besonderem Masse auch seine nächste Umgebung. Den Angehörigen kommt es manchmal vor, wie wenn sie einen geliebten Menschen noch zu seinen Lebzeiten verlören. Sie empfinden grosse Trauer darüber, dass ein Mensch Stück für Stück verschwindet, obwohl er noch lebt. Es ist deshalb von grundlegender Bedeutung, dass Angehörige sich ihrer eigenen Grenzen bewusst werden, diese akzeptieren und sich Unterstützung suchen. Schuldgefühle, Fehler, Versagensängste und Trauer müssen thematisiert werden, damit sich in die Sorge um den demenzkranken Menschen und das Bemühen um seine Versorgung keine stille Abneigung oder Wut mischt. Dies würde der Absicht, dem kranken Familienmitglied den Weg durch die Krankheit zu erleichtern, zuwider laufen und die Beziehung unnötig belasten. Gespräche mit Fachleuten, anderen Betroffenen oder der Besuch einer Selbsthilfegruppe können dabei wichtige Hilfen sein. Auch Fachpersonen benötigen die Möglichkeit, untereinander oder unter fachkundiger Leitung ihr Befinden und Erleben zu reflektieren.

2. Spirituelle Begleitung im Alltag

2.1 Vertrautheit im Alltag erhalten

2.1.1 Körperpflege

Ihre Körperpflege sollen Menschen mit Demenz so weit wie möglich selbst verrichten können. Dafür ist einfühlsames Anleiten nötig. In dieser sehr intimen Begegnung zeigt sich in besonderem Masse unsere Haltung und Wertschätzung. Durch das Ritualisieren der Körperpflege kann dem Kranken das Gefühl vermittelt werden, willkommen zu sein. Das Einsalben von Händen und Füssen bietet Möglichkeiten, Menschen mit Demenz Wertschätzung auszudrücken und sie innerlich zu stützen im Sinn der biblischen Zusage: «Du bist in meinen Augen kostbar, spricht der Herr!»

Sehr sorgfältig sollte mit Körperkontakt umgegangen werden. Jeder Mensch hat ein anderes Empfinden dafür, wie viel Nähe er zulassen will und kann. Körperkontakt ist am einfachsten über Hände, Schultern, Hinterkopf und Rücken möglich. Die Reaktionen darauf geben wertvolle Hinweise, ob und wie viel Nähe angemessen ist. Vorne am Körper eines Menschen sind die intimsten Zonen, die mit äusserstem Respekt berührt werden müssen. Eine Möglichkeit zu erfahren, wie der demenzkranke Mensch sich waschen möchte, ist, seine Hände zuerst das Wasser spüren zu lassen und zu beobachten, wie er sich danach waschen will. Ein nasser Waschlappen im Gesicht kann bedrohlich wirken, mit den Händen im Wasser zu planschen, hingegen auf spielerische Art und Weise Lebensfreude wecken.

Bei der Körperpflege gilt es abzuwägen zwischen Notwendigem und Wünschbarem, das verschoben werden kann. Auf alle Fälle sollte beim Waschen und Zähneputzen Zwang vermieden werden. Die Körperpflege kann am Besten dann vorgenommen werden, wenn jemand in Tagesbestform ist.

Körperpflege kann Wertschätzung vermitteln

Praxisimpulse

- den Rhythmus des demenzkranken Menschen beachten und den Tagesplan danach richten
- Körperpflege spielerisch ausführen
- Einsalben der Hände und Füsse als Morgenritual gestalten
- Griffe aus der Fussreflexzonenmassage zur Stärkung benutzen
- mit Berührungen vorsichtig sein und die Reaktionen beachten

2.1.2 Ankleiden

Kleider schützen und wärmen und sind darum für das Wohlbefinden von grosser Bedeutung. Humor und Kreativität sind gefragt, wenn Menschen mit Demenz Unterstützung beim Ankleiden brauchen. Diese Aktivität kann sich als Konfliktquelle erweisen. Es braucht Zeit, die richtige Kleidung auszuwählen. Demenzkranke Personen sollen dabei nicht überfordert werden.

So können beispielsweise zwei mögliche Kleidergarnituren bereitgelegt werden, damit der demenzkranke Mensch selber wählen kann, was er anziehen möchte, ohne jedoch aus seinem ganzen Sortiment an Kleidern etwas zusammenstellen zu müssen. Vielleicht kann auch spielerisch die Lust am Verkleiden geweckt werden.

- *In einer Wohngruppe für Menschen mit Demenz fällt ein grosser, alter Kleiderständer auf, an welchem Hüte und Schals, Mäntel und Tücher in verschiedenen Farben und Formen hängen. Diese stehen allen zur Verfügung und finden oft fröhliche Benutzer. Insbesondere Hüte werden ger-*

ne getragen. Bewohnerinnen werden von Betreuenden zum Kleiderständer begleitet oder finden selber hin und geniessen dann die Möglichkeit, Kleidungsstücke zu berühren und zu gebrauchen.

- *In einer anderen Gruppe steht auf einer Kommode mit Spiegel eine Schmuckschatulle mit Ketten und Broschen. Auch die Schmuckstücke, vor allem grosse, bunte Ketten, finden die Aufmerksamkeit der Bewohnerinnen.*

Eine verkehrt herum angezogene Bluse oder Hose kann zu Hause getrost getragen werden. Im öffentlichen Raum ist es aber wichtig, Menschen mit Demenz nicht lächerlich werden zu lassen. Darum kann da eine Korrektur angebracht sein. Insbesondere gilt dies auch hinsichtlich des Bedürfnisses vieler demenzkranker Menschen, sich nackt auszuziehen. Sie können geschützt werden, indem sie mit einer Decke eingehüllt und gehalten werden. Ein über die Schultern gelegter Mantel oder ein zur Stola umfunktioniertes Tuch können als Einstieg zu einem Gespräch über die fürsorgliche Liebe Gottes, die uns umgibt wie ein Mantel, genutzt werden. Kopfbedeckungen sind sehr beliebt und können demenzkranken Menschen das Gefühl des ‹Behütet-Seins› im Sinn der biblischen Aussage vermitteln: «Der dich behütet, schlummert und schläft nicht.»

Kleider schützen und geben Sicherheit

Praxisimpulse

- Auswahl von Kleidern auf zwei Möglichkeiten reduzieren
- die Lust am Verkleiden wecken, aber jemanden nicht lächerlich machen bzw. sich lächerlich machen lassen
- eine Scharaden-Kiste anlegen mit Hüten, Kleidern und Accessoires

2.1.3 Kochen

Kochen und Essen sind im Alltag jedes Menschen von zentraler Bedeutung. Die Zubereitung von Mahlzeiten ist eine gute Gelegenheit, mit Menschen mit Demenz ins Gespräch zu kommen, Gemeinschaft zu erleben, ihre Lebensgeschichte kennen zu lernen und an Vertrautes anzuknüpfen. Beim Zubereiten der Speisen werden alle Sinne angesprochen. Manchmal berichten demenzkranke Menschen zum Erstaunen aller Beteiligten von köstlichen Speisen und den entsprechenden Rezepten. Wird nach alten Rezepten gekocht, werden Erinnerungen aus der Kindheit oder dem jungen Erwachsenenalter geweckt, die das gemeinsame Tun bereichern.

Kochen ist eine kreative Beschäftigung und stimuliert alle Sinne

Praxisimpulse

- Kochen als Gemeinschaftserlebnis gestalten
- bei der Menüwahl alte, einfache Rezepte berücksichtigen

2.1.4 Essen

Das gemeinsame Essen liebevoll und würdig zu gestalten, drückt aus, dass Essen mehr bedeutet als blosse Nahrungsaufnahme. Speisen schenken Kraft und verbinden uns mit der Schöpfung. «Der selbst den Spatzen gibt zu essen, hat seine Menschen nicht vergessen...», heisst es in einem Tischgebet. Von Bedeutung ist das gemeinsame Mahl. Aus christlicher Sicht erinnert die Tisch- und Mahlgemeinschaft an die biblische Vision, dass dereinst alle Völker in Frieden zu einem grossen Festmahl versammelt werden.

Das Tischgebet war und ist in vielen Familien ein wichtiger Bestandteil der Tischkultur. Als gemeinsamer Anfang betont das Gebet die Gemeinschaft und ist Dank für die Mahlzeit. Miteinander um einen schön gedeckten Tisch sitzend zu essen und aus Schüsseln zu schöpfen, kann an die frühere Familiengemeinschaft erinnern.

In der Praxis zeigt sich, dass das gemeinsame Essen von Menschen mit unterschiedlichem Grad von Demenz soziale Ressourcen fördern kann. Kranke kümmern sich fürsorglich umeinander und erleben dadurch echte Gemeinschaft. In einer Studie wurde beobachtet, dass bei einer Gruppe von Menschen mit verschiedener Ausprägung von Demenz, die um den Familientisch sassen, die Personen, bei denen die Demenz am wenigsten fortgeschritten war, dafür sorgten, dass alle genug assen. Das funktionierte am besten, wenn keine Betreuungsperson dabei war, und etwas weniger gut, wenn diese in Privatkleidern an der Mahlzeit teilnahm. Sobald die Pflegeperson in Berufskleidung am Tisch sass, versanken die Frauen wieder in ihrer Welt.

Haben Menschen mit Demenz Mühe, mit Besteck zu essen, kann das Zubereiten der Mahlzeit in mundgerechte Stücke, die mit den Händen gegessen werden können (Fingerfood), in Erwägung gezogen werden. Benötigen Menschen mit Demenz Hilfe beim Essen, ist darauf zu achten, dass sich möglichst immer dieselben Personen dieser Aufgabe widmen und ausreichend Zeit dafür einplanen. Mit der Zeit findet eine betreuende Person heraus, wie sie einen demenzkranken Menschen am besten unterstützen kann, was ihn dazu führt, mehr zu essen. Aufgabe der Betreuenden ist es, das Verhalten der Kranken kennen zu lernen und herauszufinden, was sie gerne essen, wann sie essen, wie viel Zeit sie dazu brauchen und wo Hilfe und Unterstützung nötig sind.

- *Aus einem Heim wird berichtet, dass eine in den Bündner Bergen aufgewachsene Frau jeweils im Laufe des Vormittags unruhig wurde, bis eines Tages jemand aus der Familie zufällig von der Merenda, der Mahlzeit um 9 Uhr sprach. Die Frau erhielt nun täglich um 9 Uhr zu einem*

Stück Roggenbrot etwas Wein im Boccalino. Dieses Ritual, vom Pflegepersonal liebevoll Tag für Tag inszeniert, beruhigte sie.

Neben den täglichen Mahlzeiten sind Festessen, vor allem die Geburtstagsfeier, bedeutsam. Sie ist ein Zeichen dafür, dass jemand ein Geschenk für die Gemeinschaft ist, dass er wertvoll und von Gott gewollt und geliebt ist.

Gemeinsames Essen verbindet

Praxisimpulse

- das Essen gemeinsam beginnen, z.B. mit einem Tischgebet
- am Familientisch essen
- Speisen aus Schüsseln schöpfen
- Mahlzeiten als Fingerfood zubereiten
- besondere Anlässe, z.B. Geburtstage festlich gestalten

2.1.5 Spaziergänge und Ausflüge

Spaziergänge und Ausflüge bieten Gelegenheit zur Bewegung. «Geh aus mein Herz und suche Freud», heisst es in einem bekannten und beliebten Volkslied. In der freien Natur lassen sich Tiere, Menschen, Landschaften und Gegenstände beobachten. Personen mit Demenzerkrankungen können kindlich staunen. Und wenn sie die Bewegung ihres Körpers und die Vielfalt der Natur wahrnehmen, erleben sie kostbare Augenblicke, die Vertrautheit vermitteln und Normalität ermöglichen. Es ist auch bekannt, dass ein Zusammenhang zwischen Sinneserfahrung und dem Erleben von Sinn besteht. Vielleicht werden Erinnerungen wach, und es entstehen Gespräche. Spaziergänge können unruhige oder weglaufgefährdete demenzkranke Menschen zur Ruhe kommen lassen, Autofahrten und die damit verbundene Hektik hingegen grosse Ängste auslösen.

Manchmal werden demenzkranke Menschen unruhig oder aggressiv, wenn sie beim Spazieren geführt werden und dadurch Entmündigung erleben. Wenn die Begleiterin jedoch beim Spazieren den Körperkontakt zwar beibehält, aber einen halben Schritt hinter der Person geht, kann diese den Weg selber wählen und erlebt so ein Stück Selbstbestimmung.

Sinneserfahrung lässt Sinn erfahren

Praxisimpulse

- Körpererfahrung über Bewegung ermöglichen
- beim Spazieren einen halben Schritt hinterher gehen
- über Begegnungen mit der Natur die Sinne anregen
- sich als Teil der Schöpfung wahrnehmen und staunen

2.1.6 Sinnvolle Tätigkeiten

Für die Alltagsgestaltung sind Arbeiten und Handreichungen von grosser Bedeutung. Das selbständige Anfertigen von Gegenständen kann das Selbstwertgefühl von Menschen mit Demenz stärken und ihnen bei der Sinnfindung helfen. Aus der Biografie demenzkranker Menschen sind vielleicht bestimmte Wochentage als besonders bedeutsam bekannt: der Waschtag, der Freitag, an dem auf Bauernhöfen gebacken wurde, oder der Samstag, der mit Putzen, Aufräumen und Baden im Zuber in der Küche verbracht wurde als Vorbereitung auf den Sonntag. Daraus lassen sich für demenzkranke Personen vertraute Tätigkeiten ableiten. Möglich ist, dass während der Arbeit Erinnerungen an Erlebnisse in Kindheit und Jugend wach werden.

- *Beim Herstellen von kleinen, duftenden Seifen aus Kräutern und Blumen begann zum Beispiel eine demenzkranke Frau aus ihrer Zeit als junge Bäuerin zu erzählen. Sie nannte sogar die lateinischen Namen der Heilkräuter und kannte deren Anwendung. Am Schluss mündete das Gespräch in eine Betrachtung über Gottes Schöpfung und deren Vielfalt. Die leuchtenden Augen der Erzählenden spiegelten die tief empfundene Freude.*

In Institutionen unterstützt das gemeinsame Arbeiten, Basteln oder Schmücken von Räumen das Gemeinschaftserleben und fördert die Verbundenheit untereinander. Entscheidend ist, dass die Arbeiten für die Betroffenen sinnvoll sind und ihren Fähigkeiten entsprechen. Über- oder Unterforderung ist für demenzkranke Menschen nicht hilfreich.

Sinnvolle Tätigkeit stärkt das Selbstwertgefühl

Praxisimpulse

- sinnvolle Arbeiten in den Tageslauf einbauen
- bedeutsame Wochentage beachten
- Ressourcen entdecken: Malen, Zeichnen, handwerkliche Tätigkeit und Haushaltsarbeit
- männer- und frauengerechte Arbeiten finden, z.B. Werkbank mit Schrauben und Nägeln, Nähkorb, Strickzeug, Putzmöglichkeiten

2.1.7 Spielen

Dem Spielen kommt ein besonderer Stellenwert zu, weil es die Möglichkeit bietet, Zeit zweckfrei und ohne Leistungsdruck zu gestalten. Der ganze Körper kann beim Spielen einbezogen werden. Berührungen sind möglich und stärken das Gefühl, in einer Gemeinschaft aufgehoben zu sein. Erinnerungen an Erlebnisse in Kindheit und Jugend vermitteln Vertrautheit. Einfache Ballspiele geben den demenzkranken Menschen das Gefühl, etwas zu können, und befreien zu herzhaftem Lachen. Spiele im Kreis stärken die Gemeinschaft. Mit Spielen im Freien lassen sich das Erleben der Natur, Bewegung und die Freude durch das Spielen gut verbinden.

Spielen soll lustbetont und freiwillig sein, denn nicht jeder Mensch spielt gerne. Spielen kann bei manchen demenzkranken Personen biografisch bedingt auch Stress auslösen, wenn damit negative Erfahrungen verbunden sind. Zu beachten ist zudem das Tempo. Ein schnelles Spiel kann Menschen mit Demenz überfordern.

Spielen ist zweckfrei und schenkt Lebensfreude

Praxisimpulse

- Spiele im Kreis stärken das Gemeinschaftserleben
- Spielen soll freiwillig sein
- das Spieltempo dem demenzkranken Menschen anpassen
- eine einfache Erzählung mit Geräuschen, Bewegungen, Materialien dramatisieren
- Spiele mit leichten Bällen oder Schaumstoffwürfeln mit Wortfindungsübungen verbinden, z.B. mit Suchen von Blumennamen oder Ländern
- Spiele am Tisch mit einem weichen Stoffball (Finger- oder Handfussball)
- als Brettspiele eignen sich vor allem Halma und Eile-mit-Weile mit grossen Figuren
- Spielmöglichkeiten im Freien nutzen: z.B. Drachen fliegen lassen

2.1.8 Erinnerungen pflegen

Gegenstände des Alltags, Bilder, Fotos sowie Gerüche wirken anregend auf Menschen mit Demenz und helfen ihnen, ihren Erinnerungen auf die Spur zu kommen.

- *Eine demenzkranke Frau in einem Pflegeheim spricht mit niemandem mehr. Es ist bekannt, dass sie früher viel reiste. Der freiwillige Mitarbeiter, der sie regelmässig besucht, bringt Fotos von seinen Reisen mit. Die Frau beginnt mit ihm darüber zu sprechen.*

Eine Erinnerungsbox mit Gegenständen von früher wie Spielzeug, Kinderschuhen, Küchengeräten, Werkzeugen, Fotos kann Assoziationen wecken und ein Gespräch über Vergangenes in Gang bringen. Oder in einer Tast-Schachtel, etwa einer Schuhschachtel, mit einer unter einer Stoffbahn versteckten Öffnung für die Hände können Gegenstände versteckt werden, die der Demenzkranke ertasten und erraten kann: Stoff, Fell, Kratzbürste, Holzstücke. Zu beachten ist dabei, dass die dunkle Tast-Schachtel Angst auslösen könnte. Eine mögliche Reaktion ist dann: «Das macht Ihnen Angst, soll das in der Schachtel bleiben?»

Auch aus dem religiösen Leben gibt es vieles, was ein Gespräch in Gang bringen kann: Fotos von Taufen und Hochzeiten, Erstkommunion, Firmung und Konfirmation oder Bilderbibeln oder Heiligenfiguren, Rosenkranz, Gebets- und Gesangbücher, Kerzen und Weihrauch. Lebensgeschichte ist immer auch Glaubensgeschichte, die geprägt ist von Hoffen, Vertrauen und Zweifeln, von Erfahrungen der Gottesferne und Gottesnähe.

Einfache Fragen zu den Bildern und Gegenständen können Vergangenheit zum Leben erwecken. Auch wenn ein Mensch mit fortgeschrittener Demenz nur noch in kurzen, unzusammenhängenden Sätzen spricht, ist er doch noch fähig, sich auszudrücken. Sein vergangenes Leben wird in der Erinnerung wieder gegenwärtig, und aufmerksames Zuhören gibt ihm zu verstehen, dass er ernst genommen und geachtet wird. Es kann durchaus geschehen, dass Begleitende aus solchen Gesprächen als Beschenkte weggehen. Ein Notizbuch, in dem die Betreuenden das Wichtigste in Stichworten festhalten, erleichtert weitere Reisen in die Vergangenheit.[1]

Lebensgeschichte ist auch Glaubensgeschichte

Praxisimpulse

- Erinnerungen wecken anhand von Bildern, Fotos, Gegenständen, Gerüchen
- alle Sinne ansprechen: Riechen, Schmecken, Tasten, Hören, Fühlen und Sehen
- eine Erinnerungsbox oder Tast-Schachtel anlegen
- erzählen mit einer Bilderbibel und anderen Darstellungen biblischer Themen
- Grossdruckkarten mit Merkversen aus der Bibel verwenden
- Krippenfiguren oder Heiligenfiguren einbeziehen
- Wortfindungsübungen mit Gedichten, Sprichwörtern, Kirchenliedern oder Redewendungen
- ein Notizheft für Biografisches anlegen

---

[1] Literaturhinweise:
Die Bibel in Bildern von Schnorr von Carolsfeld (vergriffen).
Das grosse Bibelbilderbuch mit Zeichnungen von Kees de Kort, Deutsche Bibelgesellschaft, Stuttgart, 1998.
Günther-Burghard, Barbara, Als ich Kind war, Borgmann-Media, Dortmund 2005.
Schmidt-Hackenberg, Ute, Anschauen & Erzählen, Vincentz-Network, Hannover 2004.

2.1.9 Gesang, Musik und Tanz

Alte Menschen verfügen oft über einen grossen Schatz an weltlichen und geistlichen Liedern, die sie gerne singen, auch wenn ihnen das Sprechen auf Grund der Veränderungen im Gehirn schwer fällt. Es ist darum sinnvoll, alte Gesangbücher aus Kirche und Schule als Hilfsmittel beizuziehen. Oft bietet ein Lied Anlass zu einem Gespräch über Glaubensinhalte oder über damit verbundene Erfahrungen wie Feste, Prozessionen, Lager, Feiertage. Gemeinsames Singen, Tanzen, Musizieren oder Musikhören kann vielen guten Erinnerungen Raum geben und angenehme Gefühle wecken. Das geistliche Liedgut schenkt Trost und Geborgenheit. Musik sollte gezielt und nicht als dauernde Geräuschkulisse im Hintergrund eingesetzt werden. Beim Musikhören kann der Rhythmus in gemeinsamem Schaukeln aufgenommen werden, wodurch Verbundenheit entsteht. Vielleicht weckt das Hören von alter Tanzmusik Lust zum Tanzen und dazu, seine Lebensfreude auszudrücken.

Weltliche und geistliche Lieder sind eine Quelle von Lebensfreude

Praxisimpulse

- Gesangbücher sammeln
- einzelne Liedstrophen (Grossdruck) verwenden
- einfache Kanons wiederholend singen
- Mitglieder eines Chores einladen zum gemeinsamen Singen
- Musik ab CD oder Band spielen und gemeinsam hören
- mit Tanzmusik Lust am Tanzen wecken

2.2 Übergänge begleiten

2.2.1 Von der Nacht in den Tag

Der Übergang von der Nacht in den Tag und die Stimmung des Morgens spielen im Alltag eines Menschen mit Demenz eine bedeutsame Rolle. Die ersten Minuten entscheiden oft über das weitere Tagesgeschehen. Der Rhythmus demenzkranker Menschen entspricht häufig nicht demjenigen der Umwelt. Für viele ist der rasche Wechsel von der Nacht in den Tag schwierig. Das Aufwachen kann als Ritual so gestaltet werden, dass zum Ausdruck kommt, dass der neue Tag für jeden Menschen, auch für den Kranken, ein Geschenk ist, und er in Gott geborgen ist im Sinn des Morgenliedes «Er weckt mich alle Morgen, er weckt mir selbst das Ohr»[1].

Wichtig ist es, beim Wecken behutsam vorzugehen. Es bewährt sich, die Vorhänge sachte zu öffnen oder sanfte Musik erklingen zu lassen, bevor die demenzkranke Person mit einer Berührung und der Nennung ihres Namens geweckt wird.

Jeder neue Tag ist ein Geschenk

Praxisimpulse

- sorgfältiges und behutsames Wecken
- den persönlichen Rhythmus des Kranken beachten
- ein tägliches Morgenritual einführen

2.2.2 Vom Tag in die Nacht

Ein Abendritual kann für Menschen mit Demenz nach einem langen Tag, der oft vom Gefühl des Versagens und des Nichtmehrkönnens geprägt ist, zu einem zentralen Bestandteil im

---

[1] Jochen Klepper, Gesangbuch der Evangelisch-reformierten Kirchen der deutschsprachigen Schweiz, Nr. 574

Tagesablauf werden. Dabei kann auf das Gefühl des Scheiterns wie auf die schönen Erlebnisse des Tages eingegangen werden. In besonderem Masse sind auch die Ängste, die mit der Dämmerung aufkommen, zu berücksichtigen. Vielleicht findet sich ein Abendgebet, das dem Demenzkranken vertraut ist und ihm in den Schlaf hilft. Es ist auch möglich, selber ein einfaches Gebet zu formulieren oder ein bekanntes vorzulesen. Vielfach ist eine Umarmung mit wiegenden Bewegungen hilfreich. Kurze, einfache Texte, Gedichte, Märchen oder biblische Geschichten vorzulesen oder ein Abendlied zu singen, hat eine beruhigende Wirkung.

In letzter Zeit ist das Ritual des Segnens und Salbens wieder entdeckt worden. Auch in der Begleitung von Menschen mit Demenz kann Segnen und Salben hilfreich sein, insbesondere in einer Phase, in der das Gespräch nicht mehr möglich ist. Segnendes Handeln steht allen Menschen offen. Es braucht dafür keine priesterliche Person, wohl aber grundlegende Informationen. Segnen als Zuspruch des göttlichen Segens bringt die Zugehörigkeit zu Gott und zu Jesus Christus zum Ausdruck. Wird das Segnen damit verbunden, jemandem mit wohlriechendem Öl ein Kreuz auf Stirn oder Hand zu zeichnen, wird Segnen zum Salben. Er wird damit unter den Schutz Gottes gestellt.[1]

---

[1] Literaturhinweis: Christiansen, Nils, Salbung in der Evangelischen Kirche – eine Handreichung, Hamburg, AfOe, 2004.

Ein Abendritual beruhigt und schenkt Geborgenheit

Praxisimpulse

- selber zur Ruhe kommen
- Stille wagen und aushalten
- Abendgebete und Lieder aus (Kirchen-)Gesangbüchern verwenden
- Bilderbücher gemeinsam anschauen
- bekannte Geschichten vorlesen oder erzählen
- mit einer brennenden Lichtquelle und offen stehender Tür das Einschlafen erleichtern
- Segnen oder Salben mit einem Kreuzzeichen auf Stirn oder Hand
- ein Handkreuz in die Hand geben. Bezugsquelle: Werbe Dienst-Vertrieb, Heinrich-Baumann-Str. 7, 70190 Stuttgart

2.2.3 Einzug in eine Institution

Um einem demenzkranken Menschen den Übergang vom eigenen Daheim in eine Institution möglichst zu erleichtern, ist eine sorgfältige Vorbereitung unabdingbar. Eine erste Kontaktaufnahme findet vorzugsweise zu Hause in der vertrauten Umgebung statt. Bei dieser Gelegenheit erhalten Betreuende erste wichtige Informationen aus der Lebensgeschichte des Kranken. Daran anschliessend kann ein kurzer Schnupperbesuch zusammen mit Angehörigen oder mit einer Vertrauensperson in der Institution organisiert werden. In einem gemeinsamen Gespräch werden anstehende Fragen besprochen. Dabei kann der Demenzkranke auch mit einfachen Worten auf seine Befindlichkeit hinsichtlich des bevorstehenden Umzugs angesprochen werden.

Wird das neue Zimmer kurz vor dem Einzug mit vertrauten Gegenständen eingerichtet, erleichtert das den Übergang. Die neue Umgebung ist übersichtlich zu gestalten, und vor allem am Anfang muss durch eine sorgfältige Personalplanung eine hohe Kontinuität der Begleitenden gewährleistet sein.

Mit einem kleinen Ritual wie beispielsweise einer Kaffeerunde, dem Überreichen eines Blumenstrausses oder eines Willkommenskorbs wird eine neue Mitbewohnerin willkommen geheissen und in die Gemeinschaft aufgenommen.

Die Phase des Einlebens erfordert erhöhte Präsenz und Aufmerksamkeit seitens der Begleitenden. Gerade während der ersten Phase ist es wichtig, durch einfaches Da-Sein dem Demenzkranken Nähe zu vermitteln. Durch eine flexible Besuchsregelung kann auch den Angehörigen die Umstellung auf die neue Situation erleichtert werden. Um die Zusammenarbeit mit den Angehörigen von Anfang an offen und einvernehmlich zu gestalten, sind Gesprächsangebote an die Familie von zentraler Bedeutung.

Der Einzug in eine Institution erfordert erhöhte Aufmerksamkeit

Praxisimpulse

- Erstkontakt in der vertrauten Umgebung des kranken Menschen anbieten
- Schnupperbesuch in der Institution ermöglichen
- das Zimmer vor dem Einzug mit dem Kranken vertrauten Gegenständen einrichten
- ein Willkommensritual entwickeln, z.B. Kaffeerunde, Überreichen eines Blumenstrausses
- offene und flexible Besuchsregelung
- Gesprächsangebote an die Angehörigen

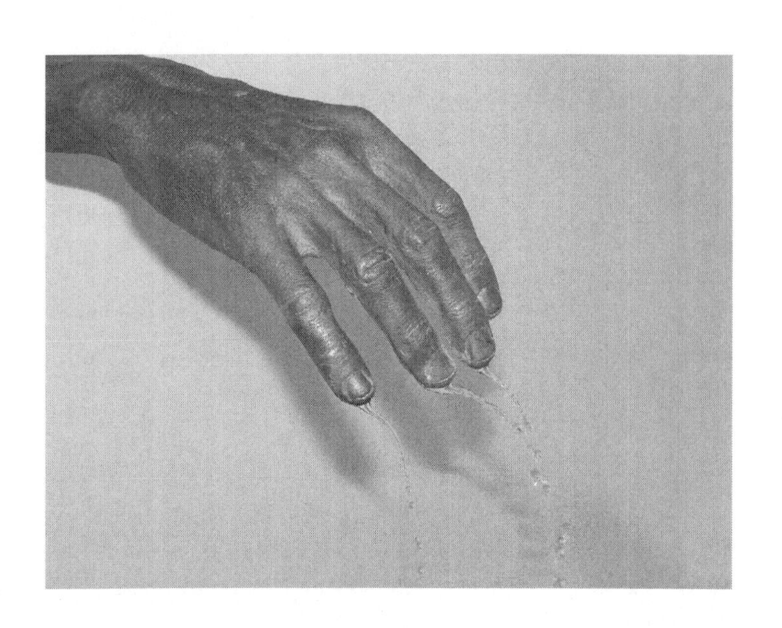

2.2.4 An der Schwelle des Todes

Abschiednehmen und Loslassen sind Themen, welche die Begleitung von Menschen mit Demenz in allen Phasen der Krankheit prägen. Demenzkranke nehmen Veränderungen in ihrer Umgebung wahr. Sie spüren, wenn in ihrer nächsten Umgebung jemand stirbt. Am Anfang der Erkrankung kann der gemeinsame Gang auf den Friedhof den Kranken helfen, ihrer Trauer Ausdruck zu geben und durch Weinen und Klagen Trost zu finden. Begleitende erfahren dabei Einzelheiten aus dem Leben eines Menschen, die zum Anlass für weitere Gespräche werden können. Auch Liedverse, Gebete wie das Unser Vater, der Rosenkranz, Psalmverse oder liturgische Sätze aus Abdankungsfeiern ermöglichen Zugänge zu Gesprächen über Abschiednehmen und Sterben. Über Erzählungen zum Tod der eigenen Eltern oder Grosseltern kann jemand vielleicht seine Befindlichkeit in Bezug auf das eigene Sterben ausdrücken. Die Einstellung der Betreuenden in Fragen von Sterben und Tod ist dabei wesentlich. Menschen mit Demenz spüren die Ängste anderer und versuchen dann, sie zu trösten.

Fotos von Eltern, Geschwistern, Grosseltern, nahen Verwandten und Freunden wecken Erinnerungen, die tröstlich sein können, insbesondere dann, wenn sich jemand in die Zeit der Kindheit zurückversetzt fühlt und zum Beispiel nach den Eltern ruft. Fotos von kürzlich Verstorbenen hingegen verwirren oft mehr als sie helfen.

In vielen Institutionen wird eine besondere Abschiedskultur gepflegt, die es sowohl den Bewohnerinnen und Bewohnern als auch den Betreuenden ermöglicht, Abschied von Verstorbenen zu nehmen.

- *Das kann beispielsweise heissen, dass sich Betreuende um das Bett eines verstorbenen Menschen versammeln, um sich still von ihm zu verabschieden. Vielleicht wird eine*

Kerze angezündet, und dem Verstorbenen wird ein gutes Wort mitgegeben. Ein Gebet, ein Lied und ein Segenswort beschliessen das kurze Ritual. Im Pflegeteam können Erinnerungen und Gefühle im Zusammenhang mit Sterben und Tod dieses Menschen angesprochen werden. Allenfalls ist es möglich, Bewohnerinnen an diesem Gespräch teilhaben zu lassen. Eine Todesanzeige wird für alle sichtbar aufgestellt, und eine Vertretung des Pflegeteams nimmt an der Beerdigung teil.

Für Angehörige entsteht mit dem Tod eines demenzkranken Menschen manchmal eine plötzliche Leere, besonders dann, wenn die Betreuung vorher zeitlich und emotional fordernd war. In einigen Kirchgemeinden, Pfarreien und kirchlichen Bildungshäusern gibt es Angebote, die den Angehörigen dabei helfen, das Erlebte zu verarbeiten.[1]

Abschiednehmen und Loslassen erfordern viel Kraft

Praxisimpulse

- sich mit Sterben und Tod auseinander setzen
- Trauer und Schmerz beim kranken Menschen zulassen
- gemeinsamer Gang auf den Friedhof
- Fotos aus Kindheit und Jugend aufstellen
- über Liedverse, Gebete oder liturgische Texte Fragen zu Sterben und Tod aufnehmen
- in Institutionen eine Abschiedskultur pflegen
- Angebote für Angehörige eines Verstorbenen beachten

---

[1] Literaturhinweis: Neysters, Peter, Denn sie werden getröstet werden. Handbuch, Kösel-Verlag, München 1995.

2.3 Feste feiern

2.3.1 Sonntag

Für die heutige Generation demenzkranker Menschen spielt der Sonntag im Rhythmus der Woche eine besondere Rolle. Die religiöse Sozialisation und das Herkunftsmilieu prägten Bräuche und Rituale, die es aufzuspüren gilt. Die Vorbereitungen für den Sonntag, das Baden am Samstag, das Zopfbacken und Aufräumen, das Putzen oder der Gang auf den Friedhof, haben sich tief eingeprägt und geben Halt und Struktur. Sonntagskleider und ein festlich gedeckter Tisch, der Kirchgang, das Hören von geistlicher Musik oder der Radiopredigt gehören ebenso dazu wie der nachmittägliche Besuch zum Kaffee oder der Spaziergang. Wo ein Gottesdienstbesuch möglich ist, darf er nicht fehlen. Oft sind Demenzkranke aber mit der Frage «Wollen Sie zum Gottesdienst?» überfordert, weil das für sie bedeutet, sich auf Unbekanntes einzulassen und sich in einen fremden Raum zu begeben. Begleitung ohne Druck oder Zwang aber ist da unterstützend.

Der Sonntag ist der wöchentliche Festtag

Praxisimpulse

- Sonntagsvorbereitung: Zopf oder Kuchen backen
- Sonntagsbräuche pflegen: Sonntagskleider, Sonntagsessen, Sonntagsspaziergang
- Gottesdienstbesuch ermöglichen

2.3.2 Sonntägliche Gemeinschaftsstunde

In Institutionen kann der Wochenzyklus mit einer gemeinsam gestalteten Feier am Sonntagvormittag eröffnet werden, vor allem für Personen, die keine Möglichkeit haben, einen Gottesdienst zu besuchen.

- *Nach der Morgentoilette und dem Frühstück sind die Bewohnerinnen und Bewohner einer Demenzwohngruppe zusammen mit ihren Angehörigen eingeladen, im Gemeinschafts- oder Essraum Platz zu nehmen. Die Feier soll konfessionsverbindend sein und auf den religiösen Hintergrund der Teilnehmenden Rücksicht nehmen. Nach der Begrüssung wird ein bekanntes Morgen- oder Kirchenlied gesungen, es wird ein besinnlicher Text vorgelesen oder eine biblische Geschichte erzählt, vielleicht mit Hilfe von Gegenständen oder Bildern. Das Unser Vater-Gebet und ein Segenswort oder ein Segenslied schliessen die Feier ab.*

2.3.3 Gottesdienst in Gemeinde und Institution

Es ist durchaus möglich, mit demenzkranken Menschen den Gottesdienst in einer Gemeinde zu besuchen. Schläft eine Person ein, kann das ein Zeichen sein, dass sie sich von der wohlbekannten Musik getragen fühlt, oder dass die Atmosphäre eine beruhigende Wirkung hat, und sie sich wohl fühlt. Unbequemes Sitzen hingegen, eine fremde Umgebung oder ungewohnte Musik können stören und sie aus dem innern Gleichgewicht bringen.

In verschiedenen Institutionen werden Gottesdienste und religiöse Feiern für demenzkranke Menschen angeboten. Ein Team aus den Bereichen Seelsorge, Pflege, Betreuung und Therapie führt nach eingehenden Gesprächen über Bedürfnisse und Ziele dieser Feier monatlich oder vierteljährlich eine Veranstaltung durch. Sie ist meistens jahreszeitlich geprägt oder vom Kirchenjahr her bestimmt und ein Angebot für eine Gruppe bis zu zwölf Teilnehmenden.

- *Ein heller, weiter Raum wird so eingerichtet, dass das Motto der Feier in der Mitte des Raumes dargestellt oder angedeutet werden kann. Die Teilnehmenden werden persönlich begrüsst und darüber informiert, wo sie sich befinden, und was sie erwartet. Der Einstieg erfolgt mit Gegenständen zum Tasten, Fühlen, Riechen und Schmecken.*

Jeder Person muss genügend Zeit eingeräumt werden, damit Assoziationen und Erinnerungen geweckt werden und ein Gespräch aufgenommen werden kann. Ein einfaches, zum Thema passendes Lied begleitet durch die Feier, in deren Mittelpunkt ein kurz und prägnant erzählter Bibeltext steht. Unser Vater und Segen bilden den Schluss. Jede teilnehmende Person erhält ein kleines Geschenk zum Abschied, einen sogenannten B'haltis, der sie in den Tag begleitet.

Das Team, das den Gottesdienst gestaltet, muss keine liturgische, jedoch sonntägliche Kleidung tragen. Demenzkranke Menschen achten auf das Erscheinungsbild anderer Personen.

Ein wichtiges Element kann das Lesen oder Sprechen von bekannten Texten sein. Beispielsweise kann der Psalm 23 gemeinsam rezitiert werden. Dabei ist es oft sinnvoll, nur die ersten vier Zeilen des Psalms zu sprechen und diese im Gottesdienst mehrmals zu wiederholen. Wie der Bericht einer Pflegenden zeigt, hat es sich auch bewährt, diese Psalmverse mit einfachen Gebärden zu untermalen.

- *Der erste Vers des Psalms 23 wurde mehrmals wiederholt, mit immer anderer Betonung. Dabei wurde jeweils für jedes Wort ein Finger der einen Hand mit der anderen Hand umfasst:*

Daumen	*Der*
Zeigefinger	*Herr*
Mittelfinger	*ist*
Ringfinger	*mein*
Kleinfinger	*Hirte*

Nach dem Zusammensein murmelte eine Frau auf ihrem Zimmer, den Ringfinger und Kleinfinger haltend, in wiederkehrendem Rhythmus «mein Hirte».

Gegenstände können Erfahrungen in Erinnerung rufen und damit die Biografie vergegenwärtigen. Ein paar alte Schuhe etwa können als Einstieg dienen, um das Thema des Gottesdienstes zu verdeutlichen: «Ich habe Ihnen heute ein Paar Schuhe mitgebracht. Hatten Sie auch solche Schuhe? Welche Schuhe trugen Sie gerne?» Schuhe sind Symbole für unterschiedliche Lebenswege und Situationen. «Verschiedene Schuhe haben wir in unserem Leben getragen. Zum Arbeiten trugen wir andere als zur Konfirmation. Aus den Kinderschuhen sind wir herausgewachsen. Die passen uns nicht mehr.»

Eine andere Idee ist, das Symbol Brot zu verwenden. In der Mitte liegen ein Schwarz- und ein Weissbrot. Sie sind Symbole für dunkle und helle Abschnitte im Lebenslauf. «Welches Brot essen Sie gerne? Gab es früher auch Weissbrot? Erlebten Sie Zeiten, in denen es zuwenig Brot gab?» Die Brote können anschliessend für eine Abendmahlsfeier verwendet werden.

Liturgievorschlag für einen Gottesdienst mit und für Menschen mit Demenz

- Musik
- Begrüssung und Ankommen
- Einstimmung ins Thema
- Lied
- Gegenstände zur Assoziation und Erinnerung
- Lied
- Erzählung
- Lied
- Gebet / Unser Vater
- Segen
- Abschied und B'haltis

Mögliche Themen

- Kirchliche Feste
- Die vier Elemente

- Die vier Jahreszeiten
- Die fünf Kontinente
- Die Düfte des Jahres
- Fühlen und Tasten: Gegenstände aus Natur und Alltag
- Die Monate
- Namenstage und Heilige[1]

2.3.4 Abendmahl und Kommunion

Ein sehr sensibler Punkt ist das Abendmahl bzw. die Kommunion. Sind Demenzkranke zum Gottesdienst oder zur Messfeier in einer Institution eingeladen, kann es vorkommen, dass sie auch bei guter religiöser Sozialisation im Augenblick der Austeilung nicht verstehen, was geschieht. Warum sollen sie mitten am Vormittag, gegen alle Regeln und Abläufe plötzlich ein kleines Stück Brot oder eine Hostie zu sich nehmen? Von Seelsorgenden und Betreuenden wird hier grosses Fingerspitzengefühl verlangt. Allenfalls braucht es viel Zeit, um jemandem zu erklären, was Brot oder Hostie bedeuten.

Abendmahl und Kommunion, in einer kleinen Gruppe oder einzeln im Zimmer einer demenzkranken Person, haben als vertraute Rituale eine besondere Wirkung. Sie sind Stärkung im Glauben und Zusage von Trost, der ganz persönlich und körperlich erfahrbar wird. Der Einbezug von Betreuenden oder Familienangehörigen ist gerade bei Abendmahl und Kommunion wichtig, damit auch sie Stärkung und Zuspruch erhalten in einer für sie schwierigen Zeit, die ihre Kräfte oft bis an die Grenze belastet.

Menschen mit ausgeprägter religiöser Sozialisation sind besonders sensibel dafür, dass Texte und Ablauf einer Feier dem entsprechen, was sie von früher gewohnt sind. Ander-

---

[1] Literaturhinweis: Stahlberger, Klaus, Morgenstund hat Gold im Mund, Eigenverlag, St. Gallen 1999

seits ist manchmal auch in einem vordergründig nicht-sakralen Rahmen eine spirituelle Dimension spürbar:

- *Ein demenzkranker Mann erhielt häufig Besuch vom Seelsorger. Sie tranken regelmässig ein Glas Wein zusammen und hörten Musik, die dem Mann viel bedeutete. Dieses Zusammensein erzeugte eine grosse Nähe. Auch ohne Abendmahlsliturgie empfanden beide dieses Zusammensein als heiligen Moment.*

2.3.5 Kirchenjahr und Jahreslauf

Weil Menschen mit Demenzerkrankung im ‹Hier und Heute› leben, nehmen sie die wechselnden Stimmungen des Jahres intensiv wahr. Sie reagieren auf Kälte, Wärme oder Hitze, Wind und Regen. Die Jahreszeiten haben sie geprägt, und sie sind mit vielfältigen Erfahrungen verbunden. Auch der kirchliche Festkalender hat seine Spuren hinterlassen. Diesen Erinnerungen gilt es sorgfältig nachzugehen. Das Feiern eines Festes kann Erinnerungen an schöne Kindheitserlebnisse, unter Umständen aber auch an Schmerzliches wachrufen.

Festzeiten in Jahreslauf und Kirchenjahr

Advent: Die Adventszeit eröffnet das Kirchenjahr. Die vier Wochen sind geprägt von der Erwartung, dass Jesus Christus in der Welt ankommt.

Wenn die Nächte länger werden und die Adventszeit mit ihren sinnesfreudigen Bräuchen beginnt, ergeben sich zahlreiche Möglichkeiten, an Kindheitserinnerungen anzuknüpfen, die vom Adventskalender bis zum Zimtstern reichen.

- *Die Wohnung schmücken, Fenster am Adventskalender öffnen, ‹Guetzli› backen, Kerzen am Adventskranz betrachten, Adventslieder singen, Musik hören, Geschichten vorlesen, Besuch von St. Nikolaus empfangen, Krippenfiguren aufstellen und vieles mehr.*

In dieser Zeit fällt es leicht, ein spezielles Augenmerk auf Aktivitäten, die alle Sinne ansprechen, zu richten.

Weihnacht: das Fest der Geburt von Jesus Christus.

Das Weihnachtsfest ist für Menschen mit Demenz ebenso wie für alle anderen Menschen ein herausragendes, zum Teil belastetes Ereignis. Ein überfrachtetes Programm setzt Begleitende und Demenzkranke unter Druck. Eine sorgfältige, auf weniges konzentrierte Planung kann helfen, dieses Fest aus der Ruhe heraus zu gestalten. Um allfällige schwierige Situationen im Voraus zu entschärfen, ist es nützlich, sich die eigene Haltung und Befindlichkeit gegenüber dem Weihnachtsfest bewusst zu machen.

- *Ein einfach geschmückter Weihnachtsbaum, das Singen vertrauter Weihnachtslieder, das Lesen der Weihnachtsgeschichte und ein liebevoll ausgesuchtes Geschenk machen Weihnacht zu einem Fest der Freude.*

Silvester und Neujahr: Der letzte und der erste Tag im Jahr haben in den letzten Jahren ein grösseres Gewicht bekommen, spielen jedoch in der Wahrnehmung der älteren Generation eine weniger wichtige Rolle. Aus dem biografischen Zusammenhang lässt sich leicht erschliessen, ob und welche Bedeutung diese Tage für einen Menschen mit Demenz haben. An Silvester und Neujahr zeigt sich einmal mehr, wie unwesentlich Vergangenheit und Zukunft, die das Erleben der Umwelt mit Jahresrück- und Ausblicken prägen, für Menschen mit Demenz sind.

Epiphanias: Christus erscheint als König, der seine Herrschaft über die Welt aufrichtet. Die biblischen drei Könige bringen dem neugeborenen König ihre Gaben.

Bei katholischen Christen beliebt ist die Haussegnung mit Weihwasser und Weihrauch. Über dem Türbalken wird mit Kreide die jeweilige Jahreszahl, beispielsweise 20 + C + M +

B + 06 geschrieben. Die drei Buchstaben werden entweder als die Namen der drei Könige Caspar, Melchior, Balthasar gedeutet oder auf das lateinische ‹Christus mansionem benedicat – Christus segne dieses Haus›, bezogen.

- *Sternsinger am Dreikönigstag, der Königskuchen und ein letztes Mal Lichter anzünden am Tannenbaum, beschliessen den Weihnachtsfestkreis.*

Fasnacht und Karneval: Vor dem Beginn der Fastenzeit erreichen Ausgelassenheit und Lebenslust ihren Höhepunkt.

Diese Tage sind regional sehr unterschiedlich ausgeprägt und lassen viele Gestaltungsmöglichkeiten zu. Dabei ist Vorsicht geboten. Was zum Beispiel für evangelische Menschen aus Basel selbstverständlich ist, kann einen reformierten Ostschweizer ganz verunsichern, einen katholischen St.Galler hingegen zu ausgelassenem Spielen und Verkleiden animieren. Zu den traditionellen Fastenspeisen gehören Mehlsuppe und die Basler Zwiebelwähe.

Karwoche und Ostern: die Woche, in der das Leiden, Sterben und Auferstehen von Jesus Christus im Zentrum steht. Sie beginnt mit dem Palmsonntag, dem Einzug Jesu in Jerusalem.

Von Palmsonntag über Karfreitag bis zum Osterfest gibt es eine ganze Reihe von Möglichkeiten für besinnliche Feiern oder Momente im Tagesablauf. In katholisch geprägten Gegenden erinnern grüne Zweige an den Einzug Jesu in Jerusalem. Für Reformierte ist der Karfreitag einer der höchsten Feiertage im Kirchenjahr. Gottesdienst mit Abendmahl, Stille, karges Essen sowie das Hören von Passionsmusik gehören zu diesem Feiertag. Das Osterfest hingegen ist ein Fest der Freude.

- *Osterlicht und -feuer, jubelnde Gesänge, das Verstecken und Suchen von Osternestern, der frisch gebackene Zopf zum Frühstück und das ‹Eiertütschen› geben diesem Fest sein Gepräge. Spielerisch kann das Eierfärben als Vorbereitung auf das Osterfest genutzt werden.*

Frühling: Die erwachende Natur im Frühjahr, die blühenden Bäume und frischen Düfte dieser Jahreszeit wecken Erinnerungen an Schulanfang und Schulzeit. Für katholisch sozialisierte Menschen gehören Maiandachten zur Verehrung der Gottesmutter Maria zum Frühling.

- *Spaziergänge, Fahrten ‹in die Obstblüte› und Maitanz sind Menschen aus ländlicher Umgebung vertraut.*

Fronleichnam: An Fronleichnam wird in katholischen Gegenden mit der geweihten Hostie der Leib Christi in einer feierlichen Prozession über die Felder getragen. Damit verbunden ist die Bitte um Segen für Häuser, Höfe und Felder.

Sommer: Farbenpracht und vielfältige Düfte laden zu Begegnungen mit der Natur ein, speziell mit dem Wasser. Der 1. August (Schweizer Nationalfeiertag) mit den wehenden Fahnen weckt bei der jetzigen Generation von Menschen mit Demenz oft auch Erinnerungen an die Geschehnisse während des Zweiten Weltkriegs.

- *Mit einem Feuer und dem Duft von Grillwürsten, Lampion› und Musik lässt sich ein Sommerfest gestalten.*

Herbst: In diese Zeit fällt das Erntedankfest, ein sinnenfreudiges Ereignis!

- *In manchen Pflegewohngruppen wird mit dem Backen von Brot, dem Schmücken eines Tisches mit Erntegaben und dem Binden von Erntesträusschen die Tradition des Erntefestes wieder aufgenommen.*

Allerheiligen: An diesem Tag wird an die Heiligen und Märtyrer erinnert.

Für katholische Christen ist Allerheiligen mit dem Pflegen und Besuchen der Gräber von verstorbenen Familienmitgliedern verbunden. Auswärtige Verwandte kommen nach Hause und der Friedhofsgang wird zu einem grossen Treffen von Verwandten und Bekannten.

Allerseelen/Ewigkeitssonntag: Mit dem Gedenken der Verstorbenen, des eigenen Sterbens und des Tods endet das Kirchenjahr. Die dunkle Zeit beginnt wieder und mit ihr der Advent.

Nachwort zur zweiten Auflage

Die praktischen Anregungen im vorliegenden Leitfaden beziehen sich auf ganz alltägliche Verrichtungen im Tagesablauf. Spirituelle Begleitung im Alltag bedeutet nicht, besondere religiöse Handlungen oder Rituale zu vollziehen, sondern achtsam zu werden für die Tiefendimension der ganz alltäglichen Handlungsvollzüge. Die Herausforderung, Menschen mit Demenz spirituell zu begleiten, liegt darin, ihnen Erfahrungen im Alltag zu ermöglichen, durch die sie sich unmittelbar, das heisst auf einer nicht-kognitiven Ebene, als geliebt, geschätzt und geborgen erleben. Da wir davon ausgehen, dass Menschen auf Beziehung hin angelegt sind, kommt der Begegnung mit andern zentrale Bedeutung zu. In der Begegnung können Menschen ihre Würde und ihr Dasein als sinnvoll erfahren. Das ist jedoch keineswegs selbstverständlich. Begegnungen mit andern können auch dazu führen, dass Menschen mit Demenz sich als minderwertig, unzulänglich und ihr Dasein als sinnlos erleben. Eine alltägliche Aktivität wie beispielsweise Halma spielen, kann zu einer spirituellen Erfahrung werden, wenn zwei Menschen, Begleitende und Begleitete, ein echtes Interesse daran haben, sich im Spiel einander zuzuwenden und sich ganz aufeinander einzulassen. Wird das Halma-Spielen hingegen als reine Beschäftigung eingesetzt, welche die betreuende Person im Grunde genommen langweilt, kann das Spiel allenfalls dennoch unterhaltsam sein, zu einer tieferen Erfahrung führt es jedoch nicht. Spirituelle Begleitung setzt bei den Begleitenden eine Haltung voraus, die von Achtung, Wertschätzung und Mitgefühl für das Gegenüber geprägt ist, sowie der Offenheit, sich selbst durch die Begegnung mit den Erkrankten anrühren und verändern zu lassen. Den Alltag mit seinen vielen, kleinen Verrichtungen in dieser Haltung zu gestalten, heisst, das Leben zu heiligen.

Oktober 2006 Anemone Eglin

Benutzte und weiterführende Literatur

Athlin, E., & Norberg, A., Caregivers' attitudes to and interpretations of the behauviour of severly demented patients during feeding in a patient assignment care system. Int J Nurs Stud, 24(2), 1987, 145–153

Benke, Chr., Was ist (christliche) Spiritualität? Begriffsdefinitionen und theoretische Grundlagen, in: Zulehner, P. (Hg.), Spiritualität – mehr als ein Megatrend, Freiburg 2004, 29–41

Bieritz, K., Das Kirchenjahr, Berlin 1987

Bosch, C. F. M., & Schnepp, W., Vertrautheit. Studie zur Lebenswelt dementierender alter Menschen, Wiesbaden 1998

Christiansen, N., Salbung in der Evangelischen Kirche – eine Handreichung, Hamburg 2004

Clare, L., Managing threats to self: awareness in early stage Alzheimer's disease. Soc Sci Med, 57(6), 2003, 1017-1029

Depping, K., Vom Umgang mit Altersverwirrten, Pflege Z, 47(4), 1994, 229–232

- Altersverwirrte Menschen seelsorgerlich begleiten 1, Hannover [2]1997
- Altersverwirrte Menschen seelsorgerlich begleiten 2, Hannover [2]2002

Dierbach, O., Sozialtherapie mit Alzheimerkranken – Ein Handbuch für die Altenhilfe, Weinheim 1998

Dilling, H., Mombour, W., Schmidt, M. H., & Schulte-Markwort, E., Internationale Klassifikation psychischer Störungen. ICD-10 Kapitel V (f). Klinisch-diagnostische Leitlinien, Bern 2000

Dürckheim, K., Vom doppelten Ursprung des Menschen, Freiburg im Breisgau [3]1991

Gesangbuch der Evangelisch-reformierten Kirchen der deutschsprachigen Schweiz, Basel – Zürich 1998

Gilliard, J., The perspective of people with dementia, their families and their carers. In C. Cantley (Ed.), A Hand-

book of Dementia Care. Buckingham: Open University Press 1998, 77–90
Günther-Burghard, B., Als ich Kind war, Dortmund 2005
Halter, E., Wunderlin, D. (Hg), Volksfrömmigkeit in der Schweiz, Zürich 1999
Held, C., Ermini-Fünfschilling, D. (Hg), Das demenzgerechte Heim, Basel 2004
Hubegge, J., Snoezelen, eine andere Welt, Marburg 1998
Katholisches Gesangbuch der deutschsprachigen Schweiz, Solothurn 1998
Kitwood, T., Der person-zentrierte Ansatz im Umgang mit verwirrten Menschen, Bern 2002
Kruse, A., Martin, M. (Hg), Enzyklopädie der Gerontologie, Alternsprozesse in multidisziplinärer Sicht, Bern-Göttingen-Toronto-Seattle 2004
Lind, S., Demenzkranke Menschen pflegen. Grundlagen, Strategien, Konzepte, Bern 2003
Merki, K. E., Krämer, G., Rückwärts. Und alles vergessen. Anna und Otto Nauer: Mit Alzheimer leben, Berlin 2003
Mertens, K., Snoezelen, Anwendungsfelder für die Praxis, Dortmund 2005
Moser, U., Identität, Spiritualität und Lebenssinn: Grundlagen seelsorglicher Begleitung im Altenheim, Würzburg 2000
Neysters, P., Denn sie werden getröstet werden, Handbuch, München 2003
Norberg, A., Ethics in the care of the elderly with dementia. In R. Gillon (Ed.), Principles of health care ethics. Hoboken: John Wiley & Sons Ltd. 1994, 721–731
- Care of people with late dementia. Referat am Kongress «Geriatrische Syndrome» des Instituts für Pflegewissenschaft der Universität Basel, Basel 2001
Norberg, A., Bergstein, M., & Lundman, B., A model of consolation. Nursing Ethics, 8(6), 2001, 544–553
Normann, H. K., Asplund, K., & Norberg, A., Episodes of

lucidity in people with severe dementia as narrated by formal carers. J Adv Nurs, 28(6), 1998, 1295-1300
Normann, H. K., Norberg, A., & Asplund, K., Confirmation and lucidity during conversations with a woman with severe dementia. J Adv Nurs, 39(4), 2002, 370–376
Peglau, D., Prey, K. & N., Gottesdienste im Altenheim, Arbeitshilfen für die Praxis, Bielefeld 2002
Pschyrembel. Klinisches Wörterbuch, Berlin 2002
Richard, N., Mit Validation finden wir die Lichtungen im Nebel der Verwirrtheit, Pflege Z, 47(4), 1994, 232–235
– Annehmen und begleiten, Altenpflege, 4, 1995, 244–248
Sandman, P. O., Norberg, A., & Adolfsson, R., Verbal communication and behaviour during meals in five institutionalized patients with Alzheimer-type dementia. J Adv Nurs, 13(5), 1998, 571–578
Schmidt-Hackenberg, U., Anschauen und Erzählen, Hannover 2004
Schnyder, U., Jass- und Spasscasino, Bericht über ein Praxisprojekt im Rahmen der Ausbildung zur Betagtenbetreuerin, 2005
Stahlberger, K., Morgenstund hat Gold im Mund. Eigenverlag, St. Gallen 1999
Stevens-Barnum, B., Spiritualität in der Pflege, Bern 2002
Van der Kooij, C., Demenzpflege: Herausforderung an Pflegewissen und Pflegewissenschaft, in: Tackenberg, P., Abt-Zegelin, A. (Hg), Demenz und Pflege: Eine interdisziplinäre Betrachtung, Frankfurt am Main 2001, 62–76
Weidenfelder, M., Mit dem Vergessen leben: Demenz. Verwirrte alte Menschen verstehen und einfühlsam begleiten, Stuttgart 2004
Zürcher Bibel, Zürich 1931/1955

Autorinnen und Autoren

Eglin Anemone, Pfarrerin, Integrative Soziotherapeutin FPI, Stabstelle für Spiritualität in der Stiftung Diakoniewerk Neumünster – Schweizerische Pflegerinnenschule, Zollikerberg

Huber Evelyn, dipl. Pflegefachfrau, Pflegewissenschafterin MNS, Koordinatorin am Kompetenzzentrum für die Begleitung, Betreuung und Pflege älterer Menschen der Stiftung Diakoniewerk Neumünster – Schweizerische Pflegerinnenschule, Zollikerberg

Kunz Ralph, Professor für Praktische Theologie, Theologische Fakultät, Universität Zürich

Schröder Brigitta, Diakonisse, Supervisorin DGSv, Lebens- und Trauerbegleiterin, Seniorenstudium mit Schwerpunkt Geragogik und Gerontologie, Dortmund

Stahlberger Klaus, Pfarrer und Gerontologe, St. Gallen

Urfer Christine, Theologin und Seelsorgerin, Behindertenseelsorge Zürich

Wuillemin Roland, Pfarrer in der Kirchgemeinde Zürich-Unterstrass

Fotos

Franz Nikolaus Müller, Winterthur

Die Praxisbeispiele stammen aus folgenden Institutionen:

- Evangelisches Pflegeheim Bruggen, St. Gallen
- Langzeitpflegeabteilung des Regionalspitals Belp/BE

- Klinik Lindenegg, Zürich
- Nova Vita Residenz Am Folkwang Museum, Essen
- Pflegeheim Rehalp, Zürich
- Wohn- und Pflegehaus Magnolia, Zollikerberg
- Wohn- und Pflegezentrum Zollikon Beugi/am See